普通高等教育“十三五”规划教材

城市轨道交通车辆检修工艺与设备

主　编　卢　宁
副主编　周兴祥　章　斌　吴铁辉

北　京
冶　金　工　业　出　版　社
2023

内容提要

本书共有6章，主要阐述了城市轨道交通车辆检修工艺基本理论、检修基地工艺设计原则和方法、城轨车辆零部件的损伤形式和处理方法。

本书既可以作为高等院校城市轨道交通专业的专业课教材，亦可以供从事城市轨道交通车辆检修相关工作的技术人员参考。

图书在版编目(CIP)数据

城市轨道交通车辆检修工艺与设备/卢宁主编. —北京：冶金工业出版社，2016.2（2023.1重印）

普通高等教育“十三五”规划教材

ISBN 978-7-5024-7191-0

Ⅰ.①城… Ⅱ.①卢… Ⅲ.①城市铁路—铁路车辆—车辆检修—生产工艺—高等学校—教材 ②城市铁路—铁路车辆—车辆检修—生产设备—高等学校—教材 Ⅳ.①U279.3

中国版本图书馆CIP数据核字（2016）第028226号

城市轨道交通车辆检修工艺与设备

出版发行 冶金工业出版社 **电　话** (010)64027926

地　址 北京市东城区嵩祝院北巷39号 **邮　编** 100009

网　址 www.mip1953.com **电子信箱** service@mip1953.com

责任编辑 戈 兰 美术编辑 吕欣童 版式设计 彭子赫

责任校对 郑 娟 责任印制 窦 唯

北京建宏印刷有限公司印刷

2016年2月第1版，2023年1月第4次印刷

787mm×1092mm 1/16；7.75印张；184千字；115页

定价20.00元

投稿电话 (010)64027932 投稿信箱 tougao@cnmip.com.cn

营销中心电话 (010)64044283

冶金工业出版社天猫旗舰店 yjgycbs.tmall.com

（本书如有印装质量问题，本社营销中心负责退换）

前　言

随着城市化进程的进一步加快，城市规模不断扩大，作为城市综合实力的一项重要指标——城市轨道交通正处于飞速发展时期。城市轨道交通系统的快速发展，为国民经济的发展发挥了重要作用，同时也对车辆的安全运营提出了更高的要求，因此车辆检修基地的建设和车辆维修保养技术的先进性和完善性也越来越重要。

本书以北京、上海、天津等大城市的地铁为依托，结合同行的先进技术经验，阐述了城市轨道交通车辆检修工艺基本理论、检修制度、维修方法、车辆零部件失效形式和处理方法；结合城市轨道车辆检修基地的实际，运用大量图示和照片，介绍了城市轨道交通车辆的日常检修、定期维修和架修的内容；另外，对城市轨道检修基地部分常用检修设备也进行了简单介绍；最后，以实际案例的形式对检修基地的设计原则、设计流程进行了详细的讲解。

本书第1、6章由北京建筑大学卢宁编写，第3章由天津轨道交通集团有限公司吴铁辉编写，第2章由卢宁和吴铁辉共同编写，第4、5章由天津轨道交通集团有限公司周兴祥编写，第7章由中铁工程设计院有限公司章斌编写。全书由卢宁主编。

鉴于编写人员技术水平及实践经验的局限性，不妥之处，恳请广大读者和同行斧正。

编　者

2015年12月

目　录

1 车辆检修的基本知识

1.1 检修工艺

所谓工艺，就是劳动者利用生产工具对各种原材料、半成品进行加工或处理，最后使之成为产品的方法，是人类在劳动中积累起来的并经过总结的操作技术经验。常见的工艺有锻压工艺、焊接工艺、机械加工工艺、切削工艺、热处理工艺、检验工艺、装配工艺等。工艺过程实际上是利用生产工具改变劳动对象的形状、尺寸、成分、性质、位置或表面状况，使之成为预期产品的一种方法或劳动过程。

检修工艺过程是指待检修的车辆进入检修厂（检修基地），检修工人应用多种工艺和设备，通过改变损伤零部件的尺寸、形状、装配位置和性质等，使零部件恢复原来的尺寸或使用性能的过程。车辆检修过程大致包括：

（1）对待检修车辆的外观检查、清洁和制定检修计划。

（2）整车分解，部件分解。

（3）零部件检查、清洗和修理。

（4）零部件组装，整车组装及油漆。

依次完成以上四项作业过程，即完成车辆修理的工艺过程。目前，根据车辆本身的特点、车辆零部件修理作业方式的多样性以及车辆修理条件和环境复杂程度，城市轨道交通车辆的检修工艺过程分为现车修理与互换修理两种类型。

（1）现车修理。车辆的现车修理即不换件修理，是指将需要修理的零部件从待修车辆上拆卸下来，经过修理并消除缺陷后，重新装回原车上的修理方式。现车修理的优点是对零件的储备量要求不大，适用于修理工作量不大的车辆；其缺点是需要等待零部件修理完成后才能装配车辆，因此车辆的停修时间长。

（2）互换修理。车辆的互换修理是指需要修理的零部件从待修车辆上拆卸下来，从备品库调用备件装配到待修车辆上，而待修零件经过修理并消除其缺陷后，存入储备库内为其他车辆使用。

相对于现车修理，互换修理能大幅度地缩短车辆的停修时间，因此能有效地提高劳动生产率和车辆的利用率。但是，对于国外进口车辆，如果大量储备零部件，则为检修基地带来极大的经济负担。

实践证明，车辆修理过程中，互换修理的零部件越多，越能提高车辆修理的生产效率。因此，实现进口车辆零部件的国产化，逐渐扩大车辆修理中互换零部件的范围，是实现车辆修理现代化的主要途径之一。

1.2 城市轨道交通车辆的检修制度

对于机械设备而言，检修的目的就是恢复其自身或零部件所规定的技术状态和工作能力。其具体方法包括诊断、拆卸、鉴定、更换、修复、装配、磨合、试验和涂装等。城市轨道车辆检修制度就是指在某一情况下对车辆进行维修及维修要达到的状态的一种技术规定。

1.2.1 维修方式

城市轨道交通的检修一般是按车辆的运营里程数或者运营时间，对列车进行不同等级的周期性维修。建立一个科学的维修模型、确立维修项目和维修标准，是城市轨道交车辆安全、顺畅运营的重要基础，也是最大限度降低维修成本的一个重要点。

在维修理论里，维修思想和维修制度大致可分为三个体系："事后维修"的维修思想及维修制度、"以预防为主"的维修思想及维修制度和"以可靠性为中心"的维修思想及维修制度。

"事后维修"的维修思想是一种比较原始的维修思想。这种维修思想是在设备发生故障以后才进行维修保养，属于非预防修也称为故障修。

"以预防为主"的维修思想要求设备及其零部件在即将磨损到限或损坏之前要及时更换、修理，将维修工作做在故障发生之前。在这种维修思想指导下，形成了以磨损理论为基础的计划预防维修的维修制度。计划预防维修制度以机械设备故障率曲线（浴盆曲线，见图 1-1）中耗损故障期始点来确定大修时机。由于把机件磨损或故障作为时间的函数，因此定时维修、拆卸分解就成为这种维修制度的主要方法。计划预防维修制度的具体实施可概括为"定期检查、按时保养、计划修理"。计划预防维修制度的关键是确定设备及其主要零部件的修理周期，合理划分维修等级和维修周期结构，制定维修规程与规范。

"以可靠性为中心"的维修思想及维修制度是在"以预防为主"的维修思想和计划预防维修的维修制度的基础上发展起来的。人们在实践中发现，并不是修理越勤、检修范围越大就越能减少故障，相反，频繁的拆装反而会出现更多的故障。

设备的可靠性是由设计制造所确定的，有效的维修只能保持其固有可靠性。对于复杂设备，大多只有早期故障期和偶然故障期，没有耗损故障期。也就是说，复杂设备的故障率曲线没有上升的趋势，即可靠性与时间无关，因此定期计划维修对许多故障是无效的。

"以可靠性为中心"的维修思想认为，一切维修活动归根结底都是为了保持和恢复设备的固有可靠性。因此在这种思想指导下所制定的维修制度，就是根据设备及其零部件的可靠性状况，以最少的维修资源消耗，运用逻辑决断分析方法来确定所需的维修方式、维修类型、维修间隔期和维修等级，制定出维修大纲，从而达到优化维修的目的。

维修方式是指设备维修时机的控制。也就是说，对维修时机的掌握是通过采用不同的维修方式来实现的。目前所采用的维修方式基本上可划分为定时维修、视情维修和事后维修三种。

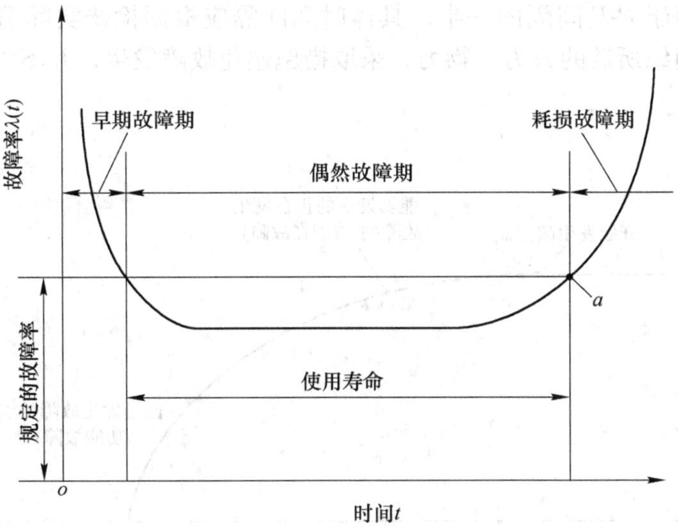

图 1-1　浴盆曲线

1.2.1.1　定期维修

定期维修又称时间性预防维修，是以产品使用时间为判断基准，只要产品使用时长到达预先规定的时间，无论产品的现有状态如何都需要按规程规定的内容进行相应的维修工作。对轨道车辆来说，定期维修是以使用时间或运行里程为检修期限。只要车辆运营到规定的时间或者运行的里程，就要进行规定的检修工作，因此定期维修是一种带强制性的预防维修方式。

对于定期维修而言，如果制定的检修周期太短、更换零部件太频繁，就会造成人力、物力的浪费；反之，如果更换不及时，部分零件会进入加速磨损期，影响车辆正常运行，甚至会造成严重的后果。因此，合理地确定检修周期是定期维修的关键。

1.2.1.2　视情维修

视情维修又称状态维修，是按照设备实际技术状况来确定维修时机的。它不规定设备的维修期限，不固定拆卸分解范围，而是在检查、检测、监控设备技术状态的基础上确定设备的最佳维修时机。这种维修方式是靠不断定量分析和监测设备的某些参数和状态数据来决定维修时机和项目。它适用于故障初期有明显劣化征兆，而且故障发展缓慢的设备，同时故障还直接危及安全或有重大经济损失（功能性故障），并有适当的检测手段，能制定出技术状态标准的情况。显然这种维修方式是一种按需维修的方式。它的优点是针对性强，可以充分发挥设备的工作寿命，提高维修的有效性，减少维修工作量和人为差错。但其缺点是费用高，需要适当的检测、诊断条件和较高的维修人员素质。因此这种维修方式适用于贵重的关键设备和危及安全的关键机件。

图 1-2 所示为适于视情维修的故障发生和发展的一般过程的 *P-F* 曲线。图中 *A* 点为开始发生故障的点，*P* 为检测到故障的点（潜在故障点），如果 *P* 点未被检测到或未采取适当的措施，则状态将迅速恶化，到达功能故障点 *F*。潜在故障点和功能故障点之间的时间称为 *P-F* 间隔，它决定了视情维修工作的频率。视情维修的检测间隔过长会漏检故障，

造成漏检漏修；检测间隔过短会浪费检测资源。因此其工作频度必须小于 *P-F* 间隔，一般选择检测间隔等于 *P-F* 间隔的一半，具体时间间隔应根据检修实际情况最终确定，以便有足够的时间组织所需的人力、物力，采取措施避免故障发生，并不中断生产和干扰其他维修活动。

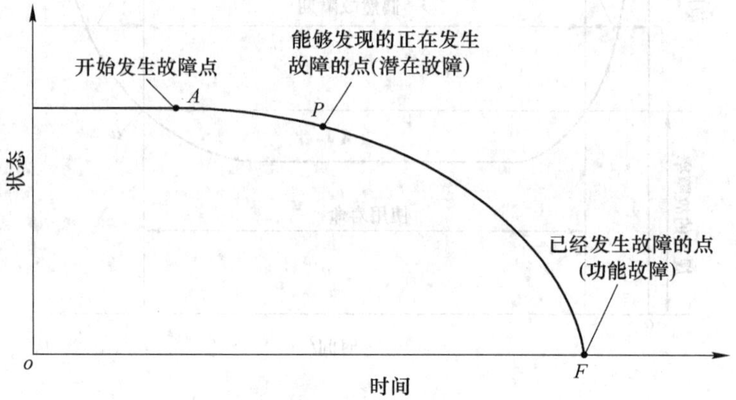

图 1-2 *P-F* 曲线

在使用过程中，经常需要对设备定期进行检查和测试，以便确定其状态，判断其是否可以完成规定的功能。如果出现工作不正常的迹象，就要进一步找出发生故障的部位，确定维修范围，以便排除故障，恢复设备的良好状态。

1.2.1.3 事后维修

事后维修又称修复性维修或故障维修，是指设备发生故障后，使其恢复到规定状态所进行的维修活动。设备发生故障后的修理（修复性维修）按照是否修理及时可分为及时修理和延迟修理。延迟修理是指对于那些存在不影响安全和生产任务的故障部件继续使用，通过监控手段，延迟进行修理的时间，反之为及时修理。随着信息技术的发展和监控手段的提高，逐渐形成了状态监控维修，即从整体上对设备进行连续监控，确定设备的可靠性水平，以此来决定维修时机。状态监控维修不规定设备的维修时间，因此能最充分地利用设备的寿命，使维修工作量最少，是一种最经济的维修工作。此种维修也可称为监控可靠性水平的视情维修或故障后的视情维修。

维修方式的选择十分重要。维修方式的选择应该从故障后果，即设备发生故障后对安全和经济性的影响来考虑。由上述三种维修方式的特点可以看出，定时维修和视情维修属于预防性维修，而事后维修（修复性维修）则是非预防性维修。定时维修是按时间标准进行维修；视情维修是按实际状态标准进行维修；而事后维修则不控制维修时间。三种维修方式各有特点，各有其适用范围。

目前车辆的维修仍然采用计划预防维修的大框架，整车或大部件定时或定运行里程进行不同等级的维修。在此大框架下，根据车辆的特点实施分层次的大修（轻大修、重大修和重造）、换件修和集中修，同时实施灵活的状态维修，车辆进修程后，不再大拆大卸，而是根据计算机信息系统提供的履历，通过必要的试验和检测诊断来决定部件是否拆卸、更换或修理。对一些重要零部件严格实行寿命管理。另外采用均衡维修，增加维修的灵活性。将计划维修措施分解为许多小组成部分，即“最小工作包”，完成这些工作包只需花费较短的时间。不同的维修等级由不同的工作包组合，彼此相互衔接，从而增加了维修的灵活性。这样就能够充分利用库停时间完成各项修程，减少由于维修造成的停运，使车辆的利用率大大提高。

目前，我国城市轨道交通车辆制度基本上沿用了传统的检修经验，采用按运行里程和时间进行预防性的计划维修和发生故障后的故障维修，同时还采用日检、月修、定修、架修等几个修程。

一般来说高一级修程包含低一级修程的内容。在对各类磨损易耗件的到限标准制订上，必须要保留足够的使用余量。

1.2.2 城市轨道车辆检修制度

建立车辆的检修制度需要长期的经验积累和总结，每个国家甚至每个城市的车辆检修制度都需要根据自身的经验来确立，因此各检修制度之间存在着较大的差异，但是它们之间又存在一定的共同点，大致可以分为计划维修和状态维修两种基本类型。

（1）计划维修。

计划维修是对城市轨道车辆按照一定规程进行的有计划的检修，而规程的制定依赖于车辆零部件的损伤速度和使用极限。计划维修详细规定了车辆检修的时间周期、检修范围、检修内容和检修标准。计划维修是一种预防性的检修，根据车辆零部件的损伤规律，在零部件尚未达到失效之前就加以修复或更换。

（2）状态维修。

状态维修没有明确的修理作业范围和工作内容，也没有固定的检修计划，它是按照车辆的现状进行必要的检修。车辆什么零部件有故障就修理什么零部件。显然，这种检修模式的工作量比计划维修大大降低，但是修理的不均衡性较为严重，不能制定严格的、固定的检修计划。

1.2.3 我国城市轨道交通的车辆检修制度

目前，定期计划检修是我国城市轨道交通企业通常采用的车辆检修制度，是预防性的检修，分为定修、架修和大修等多级。为保证车辆的安全运行并消除各种先期故障，定期计划检修还包括日常维修。

（1）日常维修。日常维修是每天都对车辆进行维修，其基本任务是保证车辆在运行中保持良好的技术状态。日常维修一般在停车场的检修库内进行，车辆投入运营前，必须进行出库检查，状态完好的车辆才允许上线运行。

列车的日常维修一般分为日检、周检（双周检）和月检（双月检）等。不同的车辆生产企业或不同的车型，检查维修周期不同。日常维修的目的是保证车辆的安全运行，不是对车辆的所有不良处进行彻底的维修。

（2）定修。定修（定期维修）是每隔一段期限，对车辆进行一定范围的维修。定修周期相对较短，通常每年或按照一定里程对车辆进行一次小范围的检修工作。

（3）架修。架修是比定修高级的修程，在车辆经过多次（一般5次）定修以后进行。架修的检修范围大，检修质量要求更高。城市轨道交通车辆的架修需要在车辆段（检修基地）内进行。

（4）大修。相对于架修而言，大修的检修要求更严格，大约每10年或每运行100万公里以上进行一次。大修作业需要车辆进入修理工厂内进行，是对车辆进行的全面检查和彻底修理，同时为了提高车辆的质量，需要对车辆进行必要的现代化技术改造。

我国列车一般情况下的运用检修周期见表1-1。

表1-1 列车运用检修周期

修程	日检	月修	定修	架修	大修
检修周期	每日	$(1\sim1.25)\times10^4$km	$(12.5\sim15)\times10^4$km	$(50\sim60)\times10^4$km	$(100\sim120)\times10^4$km
停修时间	90min	1d	12d	18d	32d

我国不同城市的轨道交通车辆不尽相同，车辆的检修规程无统一的规定。在车辆供应商提供的检修要求基础上，结合国内外地铁的先进经验，各地铁公司根据车辆实际使用的情况，对修程进行逐步的完善和提高。表1-2列举了北京、上海、南京等地车辆的检修修程。

表1-2 部分城市车辆检修修程

检修修程	北京地铁 2号线	上海地铁	南京地铁 1号线	深圳地铁 1号线	成都地铁 1号线	天津地铁 1号线
日检	√	√	√	√	√	√
双周检	√		√		√	
月检				√		√
双月修	√			√		
三月检					√	
半年检						
定修（年修）	√（两年修）			√	√	√
均衡修		√	√			

注：均衡修见4.2节。

2 城市轨道交通车辆的损伤与失效

运行于大中城市内的轨道交通车辆，是缓解日益增大的交通压力的重要措施，担负着巨大的交通运输任务。在复杂受力条件下，如车辆运行过程中受纵向和横向冲击、震动等的影响，各零部件不可避免地会发生磨损、变形、腐蚀、裂纹、断裂 、击穿、烧损等损伤，从而在一定程度上降低车辆的运行性能和运行安全性，甚至完全失效。城市轨道交通列车在运用过程中，出现的零部件尺寸或运用性能不符合技术要求的现象，称为损伤。

城市轨道交通车辆零部件在车辆运用中经常会产生损伤，这些损伤大致可以分为机械零部件损伤和电子电器零部件损伤两大类。机械零部件损伤的主要形式是磨损、腐蚀、断裂、变形、紧固件或紧配合零件的松弛等；电子电器零部件损伤的主要形式是触点烧毁、元件击穿、短路、断路、耐压下降等。车辆的维修工作就是通过更换或修复损伤的零部件，恢复其技术状态，满足列车的运用性能要求。

2.1 机械零部件的损伤与失效

2.1.1 机械零部件的损伤

2.1.1.1 磨损

零件的磨损，是指在摩擦副中相互运动的工作表面之间，因摩擦而使接触面的尺寸、形状和表面质量发生变化的现象。通常，它可以区分为正常磨损与不正常磨损两个阶段。

摩擦是不可避免的自然现象，磨损是摩擦的必然结果。摩擦副工作时，其接触面必然会产生的一种损伤或消耗称为正常磨损，又称为自然磨损。此磨损量的大小取决于摩擦副的工作时间和工作条件：车辆走行时间越长或公里数越多，磨损就越大。

非正常磨损又称为剧烈磨损，是指当摩擦副产生的磨损超过一定限度，破坏了摩擦副的正常工作条件，引起配合性质的改变、润滑条件变坏，从而造成零部件的磨损速度急剧增长。如果加强对车辆的日常维修保养，保证摩擦副在正常工作条件下运作，非正常磨损是可以有效避免的。

磨损只能采取措施降低，不能完全避免。城市轨道交通车辆在运用中产生磨损的零部件很多，如车轮踏面及轮缘、轴承滚动体及内外圈、车门及驱动装置、车钩及缓冲器零件以及各种销与销孔等。这些零部件在车辆使用过程中，都会因为磨损的作用产生形状、尺寸的改变。当达到一定程度以后，零部件就不能再继续使用，必须进行修理或者更换。磨损的零部件是车辆日常维修的主要修理对象。

A　磨损的分类

接触表面相对运动时的摩擦现象产生了摩擦副零件表面的磨损。摩擦工况不同，零部件磨损速度也不相同。例如：随摩擦副接触面之间有无润滑剂以及接触面之间接触情况的不同，摩擦副可能处于干摩擦、流体摩擦或半干摩擦三种工况。因此，随之而产生的磨损现象和磨损机理也有所不同。

通常，机械零件的磨损分为氧化磨损、黏附磨损、磨料磨损、疲劳磨损和微动磨损等几种类型。

（1）氧化磨损。金属体长期放置于空气中，会被空气中的氧气氧化；车辆零部件暴露在空气中也会发生氧化现象。这些均称为氧化磨损。氧化磨损是一种不可避免的正常磨损。氧化磨损过程的实质是：摩擦副接触表层的金属氧化膜由于摩擦作用破坏掉，与此同时本体金属在空气作用下形成新的金属氧化膜，并且氧化膜的形成速度大于氧化膜的磨损速度，从而不断形成氧化磨损。

（2）黏附磨损。黏附磨损又称为黏着磨损，通常发生在接触面之间压力较大、相对运动速度很低或较高的情况下。黏附磨损过程的实质是：微观上摩擦副摩擦表面之间是微凸体之间的接触，实际接触面积很小，由于摩擦副的压力，在表层金属的局部微凸之间产生较大的接触应力，所以即使在较小载荷时，接触应力也很大。表层金属在此应力下产生塑性变形而黏附，当接触表面发生相对运动时，接触面上强度较弱的金属被撕裂而脱离本体金属，转移到另一个金属表面。在载荷和相对运动作用下的持续作用下，两接触面间重复产生“黏着—剪断—再黏着”的循环过程。

黏着磨损的速度较高，摩擦表面温度显著上升，严重时可达金属的熔融程度，形成高温熔融磨损。

（3）磨料磨损。磨料磨损是指摩擦副面的某一方表面有硬质的凸起物，或者摩擦副一方的材料硬度比另一方的硬度大得多时，在摩擦过程中引起表面的划伤和脱落。其实质是摩擦面间的较大粒状物在一定的压力下，在摩擦面上进行的切削运动而形成的磨损。在各类磨损中，磨料磨损是十分常见且危害性最严重的一种磨损，其磨损速率和磨损强度都很大。

（4）疲劳磨损。对于零件而言，疲劳状态一般在受到较大的交变载荷的情况下出现。对于摩擦副而言，当接触表面发生相互滚动、滑动，表层材料微观体积受到循环接触应力的作用而出现疲劳裂纹，裂纹逐渐扩展，直至金属的剥离脱落。这个过程就是摩擦副接触面疲劳磨损。

（5）微动磨损。微动磨损是指两个接触表面由于受较低振幅振荡运动而产生的磨损。微动磨损产生于相对静止的接合零件上，因而往往易被忽视。微动磨损的本质是：接触表面在外界变动载荷作用下，产生振幅很小（小于 1mm）的相对运动，致使黏结点剪切而脱落，形成的磨屑与氧气反应后生成三氧化二铁。轮座裂纹处出现的红褐色粉末，即为微动腐蚀磨损的一例。

摩擦副运动过程中产生的磨损，不是某一种因素作用的结果，而是一个复杂的物理-化学现象，往往是几种磨损因素同时作用的结果。

B 磨损的过程

金属的磨损速度以单位时间内磨损的金属重量或厚度来表示。影响磨损速度的因素是多方面的，往往不是某一个因素，而是多种因素共同作用的结果。任何金属材料的磨损都有一定的发展规律，磨损量与工作时间的典型曲线如图 2-1 所示。

由图 2-1 可知，磨损过程可分为三个阶段：

曲线中Ⅰ段为磨合阶段，发生在摩擦副工作的初期。新的摩擦副接触表面之间的粗糙度较大，单位接触应力大，磨损较大。但是随着磨损的进行，摩擦副配合表面逐渐达到该摩擦条件下适宜的粗糙度，磨损速度逐渐减小。磨合阶段是设备运行投入运行初期的必备阶段，这个过程越短越好。

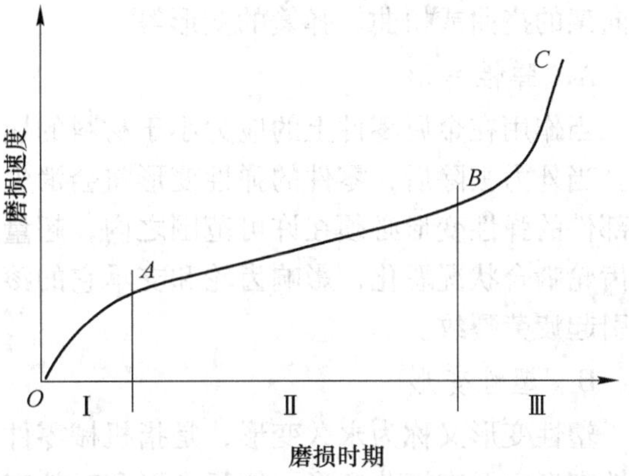

图 2-1　磨损曲线

曲线中Ⅱ段为正常磨损阶段。经过磨合阶段以后，摩擦面间的工作条件趋于正常，磨损速度减小并且稳定。正常磨损阶段是设备正常运行的过程，应尽量延长这个阶段。

曲线中Ⅲ段为剧烈磨损阶段。零部件达到运行寿命后，摩擦副中的摩擦条件发生较大的变化，如间隙过大，冲击变大，润滑条件破坏，温度急剧升高等，造成磨损速度急剧增大，摩擦副不能正常工作，进而零部件失效，设备无法正常运行。这时就必须更换或修理失效零部件。

C　磨损的影响因素

要把磨损速度降低到最低限度，就必须了解影响磨损速度的各种因素。影响磨损速度的因素多种多样，但其中总会有一种因素起到主导作用。摩擦副之间的主导因素决定磨损规律。影响磨损速度的主要因素，大致可归纳为下述三方面。

(1) 摩擦副工作条件的影响。工作条件主要指摩擦副的摩擦类型（滑动、滚动或转动）、载荷性质与大小以及摩擦面相对运动的速度等因素。滚动摩擦的磨损速度远比滑动摩擦的小，同一种磨损形式亦因载荷性质和相对速度的差异而不同，动载荷和较大的相对速度其磨损速度亦较大。

(2) 摩擦副表面特性的影响。磨损的各种现象都从摩擦表面开始，因此摩擦表面层金属的组织和硬度以及零件表面的加工质量，对磨损速度均有直接影响。摩擦副表面层金属的组织和硬度是影响磨损速度的主要因素之一。金属的金相组织不同，硬度也不同。例如：碳钢中马氏体的含量越高，耐磨性越高；碳钢的硬度越大，耐磨性越强。

(3) 摩擦副界面间润滑介质的影响。摩擦副的摩擦形式，随界面之间润滑情况的不同而不同。润滑油的质量与载荷及工况，决定了摩擦界面之间油膜的厚度与油膜的耐久性，从而使摩擦副处于液体、半液体或干摩擦的条件下工作。良好的润滑条件，均能降低零件的磨损速度。

上述三方面影响磨损速度的因素：第一个因素是决定磨损类型和磨损速度的基本因素；第二个因素是从工艺上提高零件耐磨性应考虑的因素，也是车辆修理时提高零件耐磨性的手段之一；第三个因素是决定摩擦特性的因素，也直接影响到磨损速度的大小。

2.1.1.2　变形

车辆零部件的变形分为弹性变形和塑性变形两大类。两者的区别在于去除变形外力以后变形是否能够恢复：变形能够恢复的为弹性变形，否则为塑性变形。机械零件或构件在外力的作用下，产生形状或尺寸变化的现象都是变形的范畴，例如，传动轴的弯曲变形、转向架的挠曲或扭曲、弹簧的变形等。

A 弹性变形

当作用在金属零件上的应力小于材料的屈服强度时，金属零件产生的变形称为弹性变形。当外力去除后，零件的弹性变形将会消失，零件恢复原状。为了保证正常工作，机械零部件的弹性变形必须在许可范围之内，超量的弹性变形会引起工作状况的恶化：例如引起齿轮啮合状况恶化，影响齿轮和支承它的滚动轴承的工作寿命；构架的超量弹性变形，会引起疲劳裂纹。

B 塑性变形

塑性变形又称为永久变形，是指机械零件在外加载荷去除后不能够完全恢复的变形。塑性变形主要有翘曲变形、体积变形和时效变形三种形式。

（1）翘曲变形。翘曲变形常见于细长轴类、薄板状零件以及薄壁的环形和套类零件。金属零件受到某种应力的作用，其实际应力值超过了金属在该状态下的拉伸屈服强度或压缩屈服强度后，就会产生呈翘曲、椭圆或歪扭的塑性变形。

（2）体积变形。金相组织转变引起比容变化，导致金属零件体积胀缩的现象称为体积变形。例如，钢件淬火相变时，奥氏体转变为马氏体或下贝氏体时比容增大，体积膨胀；淬火相变后残留奥氏体的比容减小，体积收缩。

（3）时效变形。时效变形常见于经过热处理后的金属件。热处理后金属内应力处于不稳定状态，这种不稳定状态经过较长时间的放置或使用，会逐渐发生转变并趋于稳定。此过程中金属件会发生一定的变形，称为时效变形。

塑性变形导致的车辆机械故障较为常见，例如：导致车门无法开启或关闭的车门框架和门叶的变形；相对运动部件之间的冲击，引起的键连接、挡块和销钉等配合的一方或双方的接触表面挤压变形，从而导致机械零件失效。

2.1.1.3 裂损

当作用在车辆零部件上的载荷在零件内部产生超过材料强度极限，或者在交变载荷作用下，交变应力超过零件材料的疲劳极限时，容易产生零件裂纹和折损现象。机械零件的裂损一般可分为脆性裂损和疲劳裂损。

（1）脆性裂损。材料受单次渐增静载荷或者冲击载荷而产生的裂损称为脆性裂损。脆性裂损是一种极危险的断裂形式，通常在没有征兆情况下发生。这种损伤产生的原因可能是设计中错误，或者是制造过程中产生的缺陷引起，也可能是零部件不正常使用造成的。但本质上都是零件所受载荷引起的应力超出了零件材质的应力极限。

（2）疲劳裂损。疲劳裂损分为两种情况：一种是在长期的交变载荷作用下，在零部件（如车辆走行部的车轴、齿轮、弹簧等）内部产生交变应力，导致的损伤形式；另外一种是零部件如车辆上的连接件、受压容器、弹簧等受长期的载荷（非交变载荷）作用，即使载荷作用不大也会在长期作用以后产生裂纹、变形和断裂。

2.1.1.4 蚀损

金属零部件的蚀损是指金属材料与周围介质产生化学反应或电化学反应而逐渐被破坏的现象。车辆日夜暴露在大气中，经常受到盐雾、酸雨的侵蚀，因此车辆零部件特别是金属零部件容易产生腐蚀。金属腐蚀的程度主要取决于金属的材质和防腐层的性能，与车辆走行里程无关。

根据金属腐蚀发生过程的不同，蚀损可分为化学腐蚀和电化学腐蚀两大类。机械零件的化学腐蚀是指在非电解液和干燥空气中，金属直接发生氧化而引起的腐蚀。在这一腐蚀过程中不产生电流，介质是非导电的。电化学腐蚀是指金属在电解质中与电解质物质接触时发生电化学作用而产生的腐蚀。大多数金属的腐蚀都属于电化学腐蚀，其涉及面广，造成的经济损失大。

2.1.1.5 车辆零部件损伤的原因

车辆零部件产生损伤的原因，归纳起来，主要有以下几方面：

（1）零部件设计中的错误。如结构设计不合理、参数选择不当或选材不当以及计算错误等。

（2）零部件制造过程中的工艺问题。如热处理工艺不当、加工表面质量不高、组焊时焊缝缺陷等。金属材料在冶炼、浇铸和锻压等过程中产生的各种内部缺陷，对材质强度影响很大，这些缺陷是引起应力集中的主要原因。

（3）运用中产生的损伤。车辆在正常运用条件下会产生正常磨损、疲劳裂纹和金属腐蚀等损伤。但是，超载、偏载或者不合理的冲击也是产生损伤的原因。

（4）列车发生运行事故，使车辆零部件发生严重变形和损伤，甚至导致车辆的报废。

2.1.2 机械零部件的失效

城市轨道交通车辆机械系统的零部件种类繁多、数量庞大。机械零部件失效情况，按系统划分主要集中在列车的转向架、车门和内装等系统，例如转向架构架的电机或齿轮箱安装座出现变形或裂纹、开口销失效、转向架一系固定螺栓断裂、车门转轴的轴承故障、车门系统中的部件复位弹簧断裂、列车客室玻璃破碎、空气制动管路接头的密封圈破损等等。

从长期使用来看，列车零部件机械故障导致失效的主要原因可分为以下几个方面：

（1）零部件的强度或硬度等无法满足环境要求，列车运行一定公里数或时间后某些零部件出现疲劳断裂失效。对于这种故障，可以从零部件的受力形式、结构形式、组成材料、制造工艺等方面考虑，进行优化，从而提高零部件的强度、硬度，保证零部件寿命周期内的质量。

（2）零部件自然磨损，需要定期进行更换。

（3）零部件结构存在缺陷或因布局不周，与其他设备干涉，导致设备被磨损。

（4）轨行区设备超限或异物侵限与列车碰撞，导致车辆机械设备损坏。

常见车辆机械零部件故障有司机室门复位弹簧断裂、客室玻璃破碎、车轮踏面异常、双活塞阀漏风等。

2.1.2.1 司机室门复位弹簧断裂

司机室门复位弹簧断裂故障的现象、影响、分析及处理措施见表 2-1。

2.1.2.2 客室玻璃碎

客室玻璃破碎故障的现象、分析及处理措施见表 2-2。

表 2-1　司机室门复位弹簧断裂

故障现象	司机室门无法正常锁闭，锁舌在一级或二级锁闭位置无法卡住
故障影响	司机室门无法关闭，影响正常的行车，导致列车需要下线维护
故障分析	司机室门锁舌复位弹簧在制造过程中存在工艺问题，弹簧在淬火后回火不均匀，硬度高，在使用过程中出现脆性断裂（见图 2-2）
处理措施	改进弹簧的材质，同时修改热处理工艺，新产品进行相应的疲劳试验，批量装车更换，同时加强日常的检修维护

图 2-2　复位弹簧断裂

表 2-2　客室玻璃破碎

故障现象	列车客室明窗玻璃破碎
故障分析	城轨车辆的客室、司机室安装有大量的玻璃，玻璃自爆、异物撞击导致玻璃破碎是玻璃故障的主要原因； 图 2-3 所示为玻璃破损。据相关分析，玻璃自爆的原因为生产钢化玻璃的原片内部存在一些结石，若其位置正好处于玻璃的应力集中区，结石在状态变化时，导致周围状态失稳，玻璃破碎
处理措施	在日常的检修维护中，加强轨行区域的设备限界的检查，同时规范日常检修作业工器具等设备的使用等，是减少因外力原因导致玻璃破碎的主要方式

图 2-3　玻璃破损

2.1.2.3　车轮踏面异常

车轮踏面异常故障的现象、分析及处理措施见表2-3。

表2-3　车轮踏面异常

故障现象	车轮踏面出现擦伤、沟槽、裂纹等
故障分析	在实际使用过程中，车轮踏面的异常问题一般为擦伤、剥离、沟槽、热裂纹及尺寸超差等；对于地面线路来说，在雪天、小雨天气情况下，因列车发生空转或滑行导致车轮擦伤的概率较大，如果擦伤面积超过规定，需要安排镟修进行修正； 在检查车轮踏面的状况时，如果出现下面情况车轮需要进行镟修： （1）擦伤： 1）一处深度不大于0.5mm，长度不大于75mm； 2）两处深度不大于0.5mm，长度50~75mm； 3）四处深度不大于0.5mm，长度25~50mm； （2）剥离： 1）剥离长度一处大于30mm； 2）剥离长度两处为20mm； （3）轮缘表面有凹点或凸点，深度或高度超过5mm的需要镟修； （4）轮缘上的阶梯台阶宽度大于1.5mm的需要进行镟修（见图2-4）； （5）车轮踏面出现沟槽状磨耗，在用样板检测后如果沟槽深度超过4mm的车轮需要进行镟修
处理措施	镟修车轮

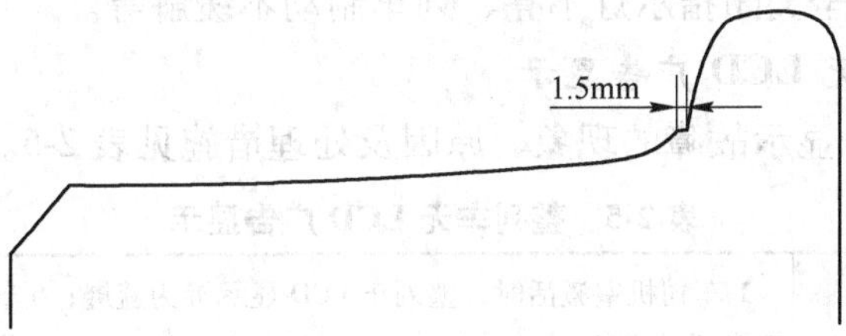

图2-4　轮缘阶梯台阶

2.1.2.4　双活塞阀漏风故障

制动风源系统VV120型空压机一般配置双塔干燥器，对于双塔干燥器来说，其双活塞阀漏风是比较常见的故障，见表2-4。

表2-4　双活塞阀漏风故障

故障现象	空压机打风时间超过标准时间，空压机运行的噪声偏大，双活塞阀漏风
故障分析	在空压机运行时，双塔干燥器的两个塔每2min进行一次干燥与再生的转换，因此双活塞阀使用频率很高，在长期使用过程中，O形密封圈比较容易磨损，因此出现漏风现象
处理措施	对双活塞阀漏风故障可以采用故障维修模式，即双活塞阀出现漏风现象时，更换O形密封圈

2.2　电气零部件的损伤与失效

2.2.1　电气零部件失效

从故障原因来说，电气零部件一般是因为过流、过压等导致烧损和失效。此外电磁干扰导致电气零部件功能失效、程序跑飞、数据丢失等情况也应该受到重视。

从系统和故障率来说，电气零部件的失效主要出现在车门系统、列广系统、烟火报警系统、牵引系统、制动系统 EBCU 等，尤其以车门系统、列广系统、烟火报警系统居多。

从故障的影响上来说，制动系统、牵引系统、车门系统的故障影响最大，一旦出现问题，轻则导致列车晚点，重则导致列车清客，需救援。

制动系统的电气故障主要为 EBCU 板卡、电子压力开关、电磁阀和传感器等发生故障，导致列车出现制动不缓解、制动力散失或指示错误。

车门系统的电气故障集中在门控器单元上，常见的故障现象为车门无法打开、车门无法关闭、开关门动作异常、车门障碍物检测出现防挤压以及通信故障等。

广义的牵引系统包括司控器、列车控制管理系统（TCMS）和牵引系统（VVVF）。VVVF 系统的故障一般为电流或电压传感器故障以及电阻和电容单元失效等，导致列车 VVVF 系统逆变单元脉冲封锁或电制动切除等。

2.2.2 电气零部件常见故障

车辆电气零部件常见故障主要有整列车无 LCD 广告显示、整列车列广无报站、警惕蜂鸣器不响、列车 SIV 不启动、列车无法牵引、某节车列广一侧无声音、EBCU 导致整列车紧急制动不缓解、门全关闭指示灯不亮、列车制动不缓解等。

2.2.2.1 整列车无 LCD 广告显示

整列车无 LCD 广告显示故障的现象、原因及处理措施见表 2-5。

表 2-5 整列车无 LCD 广告显示

<table>
<tr><td colspan="2">故障现象</td><td>1 车司机室激活时，整列车 LCD 显示屏为蓝屏；6 车司机室激活时，整列车 LCD 正常播放视频</td></tr>
<tr><td rowspan="6">故障原因分析及处理措施</td><td>（1）视频服务器主机死机</td><td>重新启动视频服务器主机（见图 2-5），具体方法：
1）重新开启主机的电源开关；
2）重新插拔电源插口；
3）按下复位按钮</td></tr>
<tr><td>（2）视频播放控制器故障</td><td>视频播放控制器如图 2-6 所示，重启视频播放控制器，如果故障仍然存在，检查视频播放控制器是否存在故障</td></tr>
<tr><td>（3）视频播放控制器 VGA 线故障</td><td>更换视频播放控制器 VGA 线</td></tr>
<tr><td>（4）视频编码器故障</td><td>正常情况下：BNC 输入指示灯闪烁、电源显示灯亮、网络连接正常的显示灯亮、数据传输的显示灯闪烁、系统状态灯亮，若有异常，更换视频编码器模块</td></tr>
<tr><td>（5）交换机故障</td><td>更换故障端司机室控制柜内交换机，查看故障是否排除</td></tr>
<tr><td>（6）视频服务器故障</td><td>在排除以上部件的问题后，若仍存在问题，则为视频服务器故障，更换视频服务器</td></tr>
</table>

2.2.2.2 整列车列广无报站

整列车列广无报站故障的现象、原因及处理措施见表 2-6。

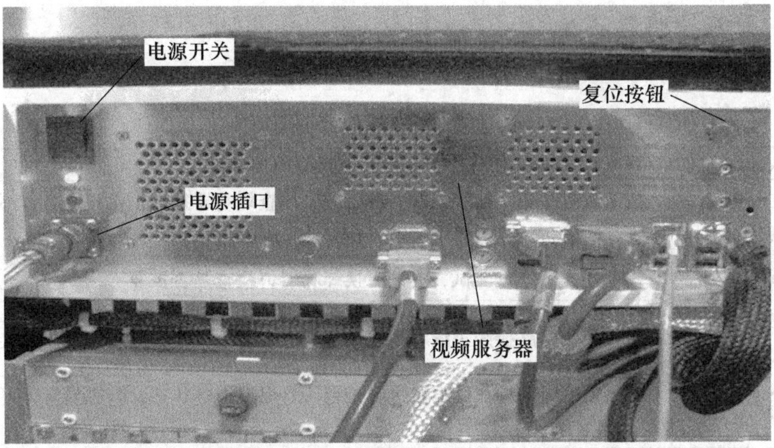

图 2-5 视频服务器主机

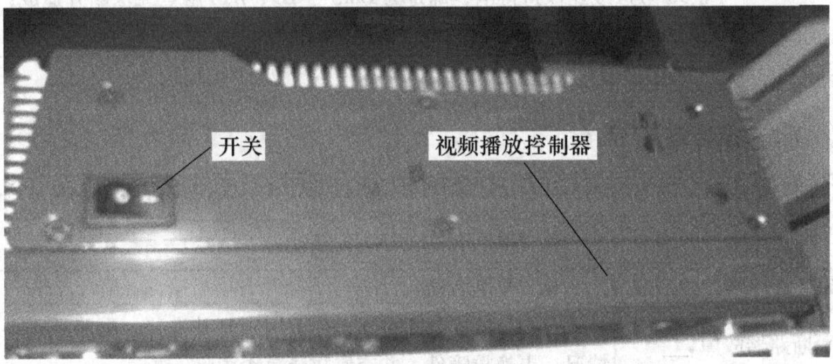

图 2-6 视频播放器

表 2-6 整列车列广无报站

故障现象		按下广播控制盒上播放键后，整列车列广无报站
故障原因分析及处理措施	（1）列广系统死机或卡滞	重启司机室控制柜中的信息广播的断路器
	（2）司机室广播控制盒航空插头插接松动	将列车钥匙打至开位，激活司机室，检查司机台上广播控制盒激活指示灯与工作指示灯，若灯不亮，则紧固其航空插头 H1/H2
	（3）广播控制盒故障	更换广播控制盒，重新检查
	（4）中央控制器指示灯显示异常	检查中央控制器电源、主机、MP3 源指示灯常亮（报站情况下，MP3 源指示灯常亮，但不报站情况下，媒体源指示灯常亮），TRAIN、媒体指示灯闪烁；如有异常，更换中央控制器；注意：中央控制器若主机故障，备机自动变成主机，正常工作，因此，此模块有故障为两个模块同时故障
	（5）音频处理器指示灯显示异常	正常报站情况下，电源指示灯常亮，DVA 输入指示灯和音频输出指示灯闪烁（不报站情况下，DVA 与音频输出指示灯不亮）；若有异常，更换音频处理器
	（6）数字报站器模块异常	1）列车上电后，检测指示灯亮，初始化成功后此灯灭；若此灯不灭，更换数字报站器模块； 2）正常报站情况下，电源指示灯和播音指示灯亮（不报站情况下，只有电源指示灯亮）；若有异常，更换数字报站器； 3）CF 卡储存语音文件异常，重刷 CF 卡语音文件
	（7）司机室控制柜中接口单元故障	重新插接司机室接口单元，并确认连接牢固；若问题仍未解决，判定为司机室接口单元故障，更换司机室接口单元

注：CF 卡是一种用于数据存储的便携式电子设备。

2.2.2.3　警惕蜂鸣器不响

警惕蜂鸣器不响故障的现象、原因及处理措施见表2-7。

表2-7　警惕蜂鸣器不响

故障现象		列车行车过程中警惕按钮松开3s后蜂鸣器不响
故障原因分析及处理措施	（1）控制电路中蜂鸣器接线松动	按下试灯按钮，使警惕蜂鸣器得电，检查蜂鸣器是否正常报警；若不能正常报警，则检查蜂鸣器进线是否得电；若不得电，重新插接检查
	（2）蜂鸣器故障	按上述方法继续测试，尝试更换蜂鸣器，检查是否恢复
	（3）控制电路中接线松动	检查控制电路接线进线、出线是否得电，若不得电，对接线重新插接紧固
	（4）警惕动作继电器故障	测量警惕时间动作继电器进线是否一直保持得电状态，若有异常，更换警惕动作继电器（DMR）
	（5）警惕按钮故障	拔下零速继电器，按下警惕按钮后，如测量警惕继电器进线正常得电，松开后发现异常95号进线还保持得电，确定为DMS中B9、B10触点无法断开造成；断定警惕按钮机械故障，更换司控器

注：DMS为警惕按钮。

2.2.2.4　列车辅助逆变系统

列车辅助逆变系统（SIV）不启动故障的现象、原因及处理措施见表2-8。

表2-8　列车SIV不启动

故障现象		一端SIV不启动
故障原因分析及处理措施	（1）断路器故障	闭合SIV的控制断路器，用万用表测其进路、出路是否导通；若存在故障情况，更换故障件，并查看故障是否消除
	（2）车下辅助隔离开关（IVS）未打到闭合位	检查车下IVS箱内IVS是否打到闭合位置；若未在闭合位，需将其闭合，并查看故障是否消除
	（3）IVF熔断器故障	用万用表检查车下IVS箱内辅助熔断器（IVF）是否故障熔断；若IVF导通，则无故障；若IVF不导通，则更换IVF
	（4）电路故障	检查受流器到SIV箱体主回路进线电路是否为通路
	（5）电压传感器VS11故障	更换VS11传感器
	（6）RY单元电路板故障	对调两端SIV的RY单元，观察故障是否转移，如果故障转移，则是相应的RY单元故障，反之则不是RY故障

注：VS11为在辅助逆变系统控制回路中用于测量供电线路电压的传感器；RY单元为辅助逆变系统中继电器控制模块。

2.2.2.5　列车无法牵引

列车无法牵引故障的现象、原因及处理措施见表2-9。

表2-9　列车无法牵引

故障现象		列车无法牵引
故障原因分析及处理措施	（1）确认牵引回路是否正常	通过TCMS等确认列车的牵引回路能否正常建立，如果未建立，进行第二步检查
	（2）门全关闭继电器未得电	（1）确认车门全部关闭，若存在车门未关闭的情况，关闭车门； （2）检查门全关闭继电器是否正常；如果正常，进行第（3）步检查；如果异常，则车门系统存在故障，检查车门系统

续表 2-9

故障现象		列车无法牵引
故障原因分析及处理措施	（3）检查制动不缓解继电器	查看列车是否存在制动不缓解故障；如果有故障，处理制动不缓解故障；如果无故障，检查制动不缓解继电器串入牵引回路的触点导通情况
	（4）检查紧急制动继电器	检查列车紧急制动是否缓解；如果正常缓解，检查串入的触点导通情况；如果未缓解，则紧急制动回路存在故障，检查紧急制动环路建立情况
	（5）检查 ATC 切除继电器	确认 ATC 切除按钮在切除位；检查 ATC 切除继电器串入牵引回路的触点导通情况；如果异常，更换 ATC 切除按钮或 ATC 切除继电器；如果正常，按第（6）步操作
	（6）检查牵引使能回路	检查牵引使能回路是否正常建立；如果无法正常建立，检查牵引使能回路建立情况；如果正常建立，说明 TCMS 或 VVVF 系统存在响应的故障，对该系统进行检测

2.2.2.6　某节车列广一侧无声音

某节车列广一侧无声音故障的现象、原因及处理措施见表 2-10。

表 2-10　某节车列广一侧无声音

故障现象	客室单节车一侧无列广声音
故障原因分析及处理措施	如图 2-7 所示

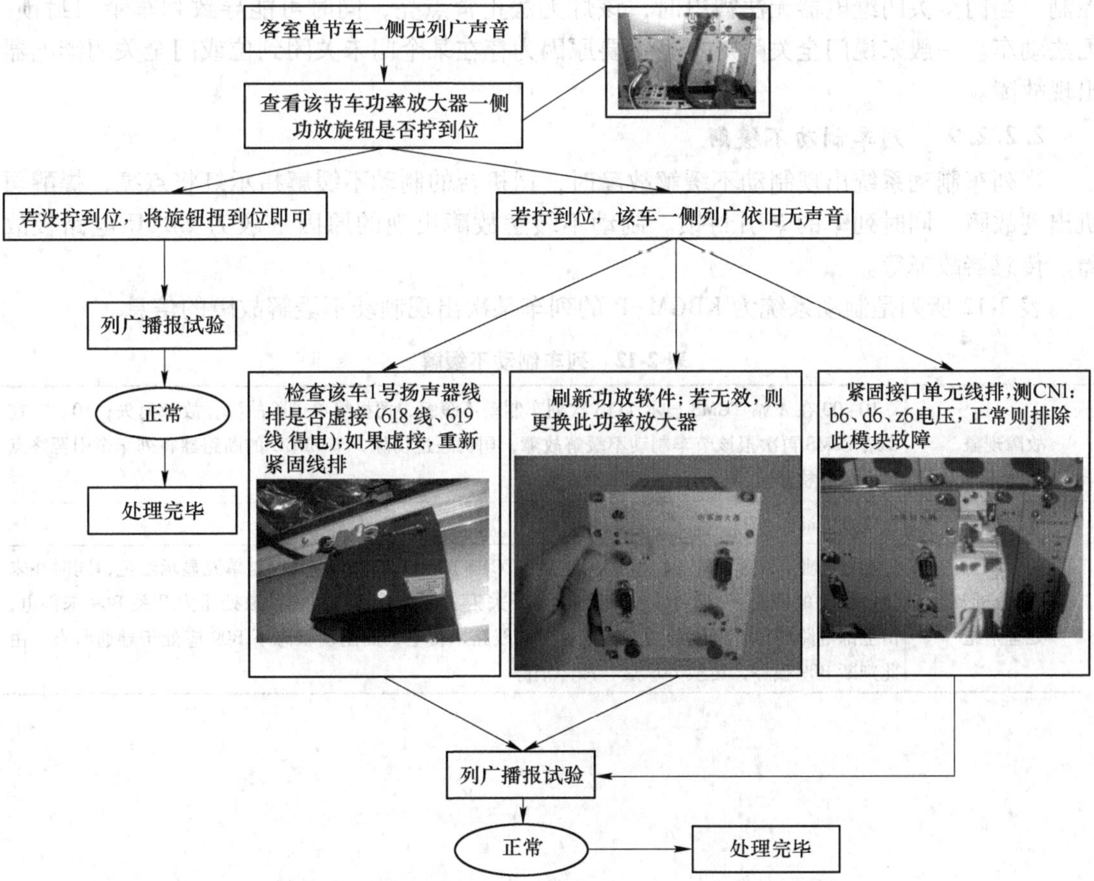

图 2-7　客车客室单节车一侧无列广声音处理流程

2.2.2.7　EBCU 导致整列车紧急制动不缓解

EBCU 导致整列车紧急制动不缓解（制动系统为 EP2002 系统）故障的现象、影响、分析及处理措施见表 2-11。

表 2-11　EBCU 导致整列车紧急制动不缓解

故障现象	在正线运行时，整列车紧急制动无法缓解，TCMS 的 HMI 显示智能阀红色
故障影响	列车清客、救援回库检修
故障分析	紧急制动作为列车最高级别的制动，采用硬线控制；紧急制动回路采用常带电形式，回路一般由多个相关继电器、旁路开关和紧急制动按钮等串联组成，EBCU 通过端口并联于紧急制动回路上，一旦回路失电，列车将施加紧急制动； 个别案例中端口并联在紧急制动回路上的智能阀因内部紧急控制的模块短路，导致列车的紧急制动回路断路器跳开，回路无法建立，列车紧急制动无法缓解，最终通过切除整列车的制动，将故障列车救援回段厂进行维修
处理措施	智能阀作为高度集成的部件，维护一般返厂进行

2.2.2.8　门全关闭指示灯不亮

在司机台上设置有一个门全关闭指示灯，其点亮表明客室门全部关闭。在列车的正常运营过程中，门全关闭指示提示司机车门的关闭情况。门全关闭指示灯由门全关闭继电器控制，当门全关闭继电器无法得电时，该灯无法正常点亮，同时可能导致列车牵引封锁，无法动车。一般来说门全关闭灯不亮主要原因为存在某个门未关闭到位或门全关闭继电器出现故障。

2.2.2.9　列车制动不缓解

当列车制动系统出现制动不缓解故障时，司机台的制动不缓解指示灯将点亮，提醒司机出现故障，同时列车的牵引封锁。制动不缓解故障出现的原因一般为 EBCU 电路板故障、传感器故障等。

表 2-12 所列是制动系统为 KBGM-P 的列车某次出现制动不缓解故障的信息。

表 2-12　列车制动不缓解

故障现象	10：00 在 A 站 TCMS 显示 1113 次列车制动不缓解，司机简单排除故障，故障消失；10：30 在 C 站 TCMS 再次报该节车制动不缓解故障，司机通过切除 3 车 EBCU 的断路器将列车牵引至终点退出服务检修
故障影响	晚点 5min
故障分析及处理措施	临修作业，恢复 3 车 EBCU 的断路器，TCMS 屏上 3 车制动电气控制单元显示红色，同时在未缓解制动的情况下，3 车 1 架制动压力开关为灰色缓解状态，表示该处压力开关 B09 未得电，由上部电路测得 B09 上部线路有电，下口线路未得电，而制动状态下 B09 应处于导通状态，由此判断 B09 损坏，更换 B09 后，故障消除

3 城市轨道车辆日常维护与维修

3.1 日常维修的工艺流程及内容

城市轨道交通车辆的日常维护主要包括日检、月修、临修。根据车辆运用计划，对运行到规定时间或运行里程的列车进行日检、月修或定修。在车辆检修基地，车辆检修生产作业由维修调度组织完成，检修作业要求以“工作命令票”形式下发班组。一般来说，列车的日常维护分为静态检查和通电测试两个方面，主要的方式为外观检查、基础测量及通电功能测试等。

3.1.1 日检工艺流程

图 3-1 所示为电客车的日检修程，分为车辆断电检修和车辆通电检修两部分。其中车辆断电检修内容包括转向架检查、制动系统、电气系统、车体、车端连接，车辆通电检修包括司机室检修、客室检修及列车基本功能测试三部分。

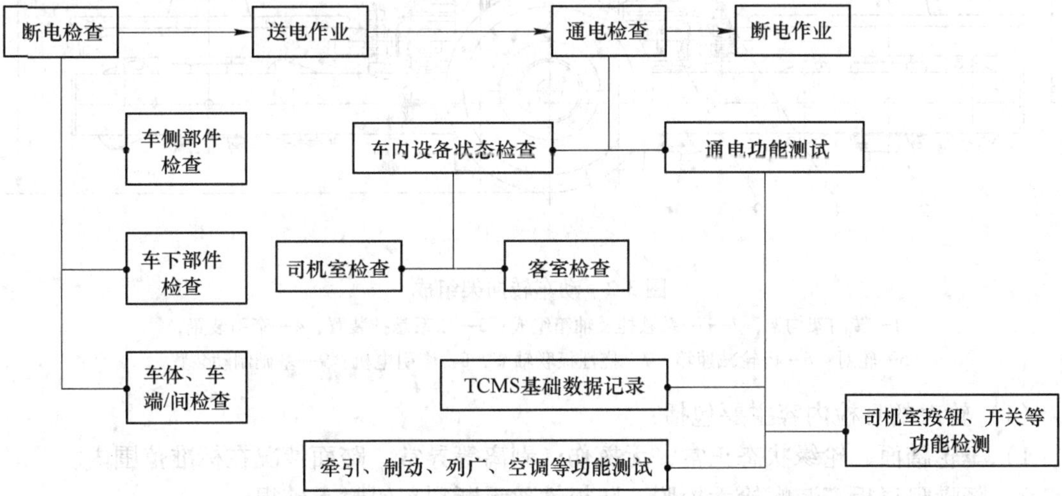

图 3-1 日检流程

为满足 ISO 9000 的标准，日检结束后填写相应的记录表，对检修过程进行记录。对无法处理的故障，填写相应的故障未处理记录。

3.1.2 日检检修内容

3.1.2.1 断电检修的日检内容

断电检修的日检内容主要包括转向架日检、制动系统日检、电气系统日检、车端连接部位日检和车体日检。

A 转向架日检

地铁列车转向架分为动车转向架（见图 3-2）和拖车转向架（见图 3-3）两种类型，包括轮对、轴箱、一系悬挂、二系悬挂及高度阀、构架及中央牵引装置等。

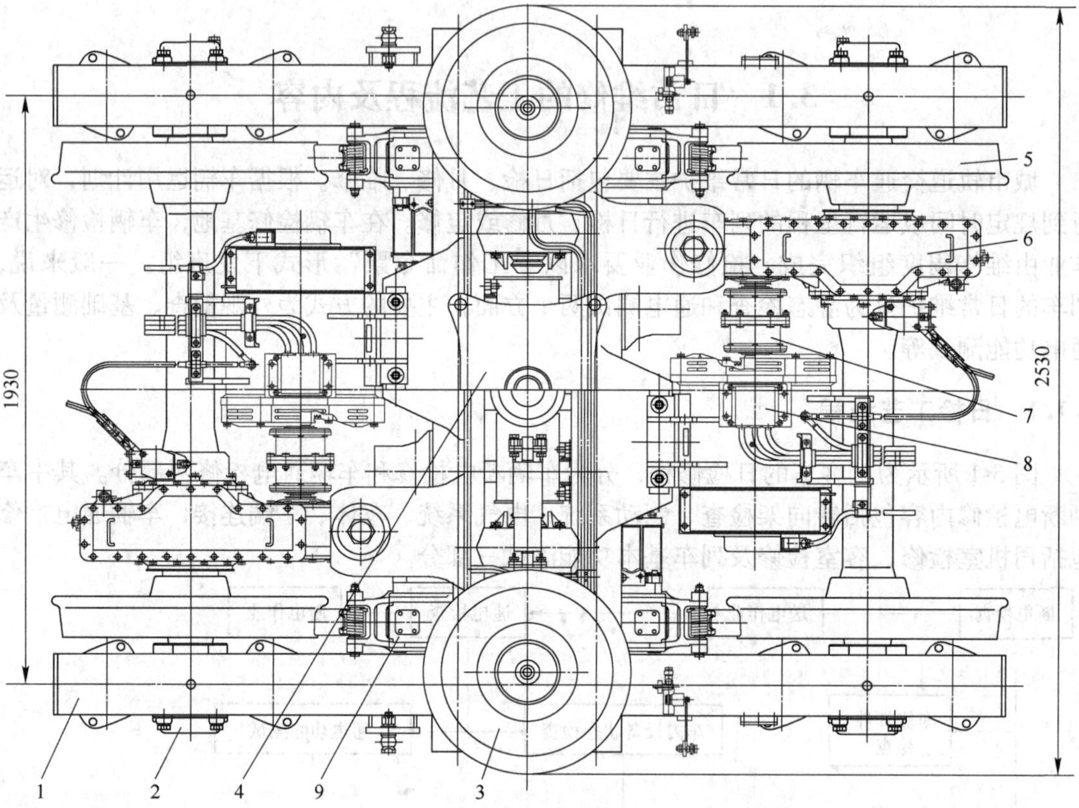

图 3-2 动车转向架组成

1—转向架构架；2—一系悬挂及轴箱组成；3—二系悬挂装置；4—牵引装置；
5—轮对；6—齿轮减速箱；7—挠性板联轴节；8—牵引电机；9—基础制动装置

（1）轮对的日检内容主要包括：

1）车轮踏面、轮缘状态正常，无擦伤、剥离等异常，踏面情况在标准范围内。

2）降噪阻尼板安装螺栓无松脱，防松铁丝无断裂，铅封无破损。

（2）轴箱（见图 3-4）的日检内容主要包括：

1）轴箱润滑脂无泄漏。

2）前后端盖、轴端设备（如 ATC 速度传感器、制动速度传感器、接地轴箱）、吊耳的情况，应外观良好，安装紧固、无松动。

（3）一系悬挂的日检内容主要包括检查橡胶弹簧、安装座及固定螺栓，应无划伤、裂纹，安装螺栓无松动或断裂。橡胶弹簧裂纹应在标准范围内。

（4）二系悬挂的日检内容主要包括检查空气弹簧、高度阀及附件，要求无漏气、无

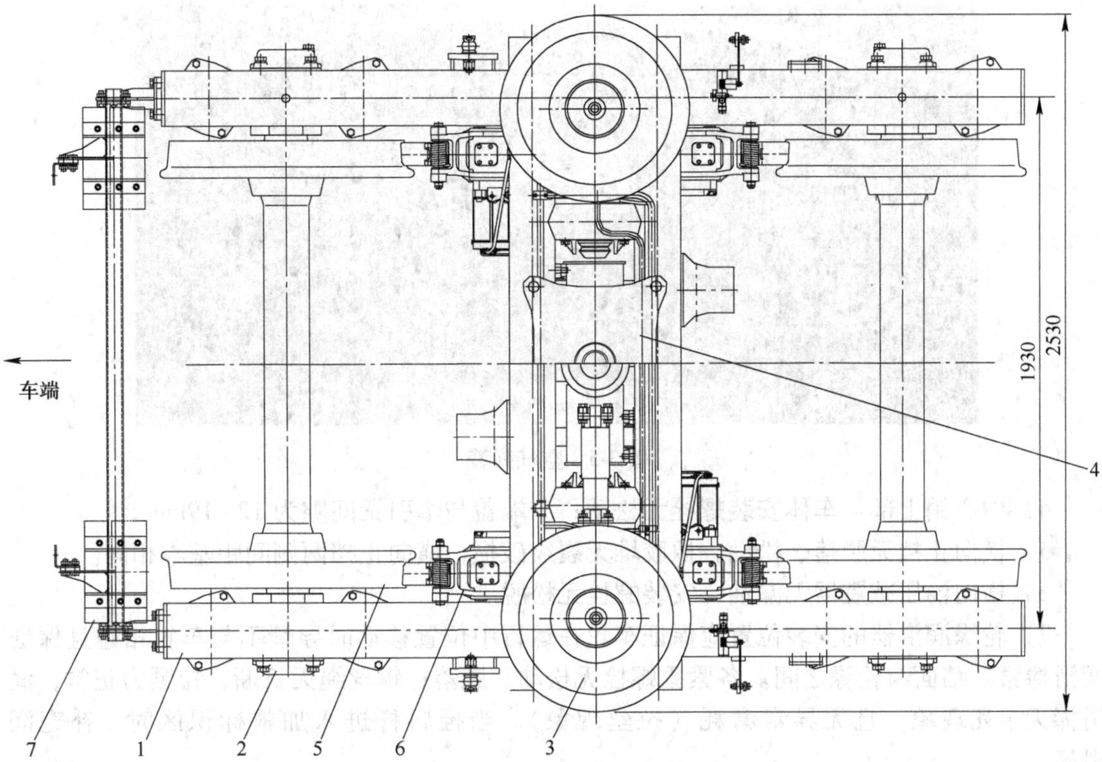

图 3-3 拖车转向架组成
1—转向架构架；2— 一系悬挂及轴箱组成；3—二系悬挂装置；
4—牵引装置；5—轮对；6—基础制动装置；7—ATP 天线支架

图 3-4 轴箱

损坏，紧固件无松动，空气弹簧（见图 3-5）外观破损在标准范围内。

（5）构架及中央牵引装置的日检内容主要包括：

1）检查悬挂构架悬挂部位（牵引拉杆安装座、牵引电机安装座和齿轮箱吊杆座）焊点、焊缝无开焊、无裂纹。

2）牵引拉杆两端固定螺栓无松动，防松铁丝无断裂；牵引拉杆无裂纹、无变形、无掉漆腐蚀。

3）牵引梁无变形、无裂纹。

图 3-5 空气弹簧

4）中心销上部与车体安装螺栓无松动；下端盖与牵引梁间隙为 12~19mm。

5）横向止挡无脱落、松动，橡胶堆无裂纹破损，横向止挡两侧间距基本相同。

6）横向油压减震器无漏油，安装螺栓无松脱。

7）轮缘润滑器的安装位置应保证车轮在运行中位置移动时导管不与车轮相碰且保证润滑棒紧贴踏面与轮缘之间。各紧固螺栓无松动、脱落；钢丝绳无折断，拉紧力正常；润滑棒无卡死现象，且无异常磨耗（拉丝现象）。当推料杆进入加料标识区时，补充润滑棒。

8）排障器组件（木棒和胶管）无脱落、无严重破损，紧固螺栓无松脱。

B 制动系统日检

制动系统日检包括对风源系统、风缸、G/S 阀、制动缸、辅助控制箱及塞门和管路检查。图 3-6 所示为克诺尔 VV120 型空压机/双塔干燥器。

图 3-6 克诺尔 VV120 型空压机/双塔干燥器

（1）风源系统的日检内容主要包括：

1）外观、吊挂、接线良好，进风口无堵塞，真空指示器显示正常。

2）空压机机体无漏油，油位在 1/2~2/3 间，润滑油无乳化、劣化。

3）双塔干燥器外观良好，双活塞阀排气口无异物（白色沉淀物）。

4）安全阀安全牢固，无泄漏，铅封完好。

（2）风缸的日检内容主要包括：

1）外观良好，安装牢固，吊带无破损。

2）总风安全阀安全牢固，无泄漏，铅封完好。

3）风缸排水塞门或螺堵正常，防松标记清晰。

（3）EP2002 阀的日检内容主要包括阀体外观良好，安装螺栓紧固，电气连接器插头插接良好，管路接头无泄漏。

（4）制动缸（见图 3-7）的日检包括外观良好，安装螺栓无松动，无泄漏，闸瓦磨耗在标准范围内。对于制动日检还需要注意的是闸瓦回位簧无断裂，通气塞无堵塞；对于停放制动缸需要检查手动缓解拉绳的安装良好。

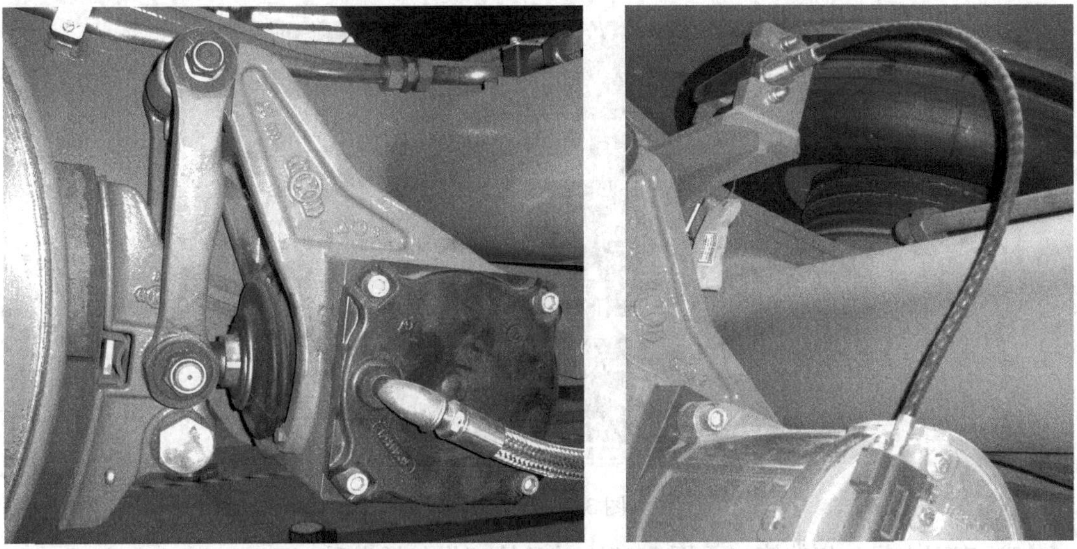

图 3-7 制动缸和停车制动

（5）制动系统其他部分（辅助控制箱及塞门和管路检查）主要查看外观正常，塞门位置正确，管路无泄漏。

C 电气系统日检

电气系统（见图 3-8）的日检包括牵引设备、辅助供电设备、列车管理系统各箱体外观和接线良好。

（1）IVS 箱、SIV 箱、接地开关箱、BHB 箱、HB 箱、IVHB 箱、BF 箱、MF 箱、避雷器箱、MS/BS 隔离开关箱、滤波电抗器箱、VVVF 箱、制动电阻箱、扩展供电箱、蓄电池箱、BCG 箱、TMS 箱等箱体外观良好，吊挂安装螺栓无松动，箱盖锁闭良好，进出线正常，绝缘保护无脱落，接地线及屏蔽线等无磨损断裂。

（2）受流器（见图 3-9）的日检内容包括受流器外观良好，接线、螺栓无松动，防松标记清晰，重点是碳化靴未磨耗到限，熔断器未烧毁。

对受流器的检查，在新线建成运营初期尤其重要。新线在开通初期，线路情况复杂，杂物清理未达到运营标准，出现侵限等异常情况常有发生，轻则导致受流器熔断器烧毁，碳滑靴产生裂纹，重则导致受流臂折断。

图 3-8 电气系统

图 3-9 受流器

（3）牵引电机、齿轮箱（见图 3-10）的日检工作包括查看：

图 3-10 齿轮箱

1）设备安装螺栓无松动。

2）线缆连接良好，无松动、磨损及老化。电机注油堵无丢失。

3）齿轮箱无漏油，注油堵/排油堵无松动，油位位于两刻线间，油质无乳化和劣化。

4）联轴节与牵引电机、齿轮箱连接处无漏油，联轴节套筒无裂纹破损，各紧固螺栓无松动。

D 车端连接部位日检

车端连接部位（见图3-11）主要查看车间线缆、篷布及车钩。

图 3-11 车端连接部位

（1）车钩连挂状态正常，确认安全销插入安全销孔中。车钩外观无明显裂痕，无变形，压溃管、缓冲器和卡环连接部件正常，气路连接管无漏气，各紧固螺栓、螺母无松动，接地线无松动脱落。橡胶支撑块、磨耗条无裂纹、松动且位置正常，车钩与车休连接螺栓无松动。确认解钩手柄限位销无丢失、无变形。

（2）车间母线连接器和4芯、108芯、SC线等过桥线及接地线连接无松动，无脱落，防松标记清楚；高、低压接线箱安装牢固可靠无异常。

（3）贯通道折棚无破裂，连接状态正常。

E 车体日查

车体的日检工作主要有：

（1）车体外观正常，无划伤，无撞击破损。

（2）司机室、客室车窗玻璃无裂纹、无破损，密封胶密封良好。

（3）前挡风玻璃无裂纹、破损，密封胶密封良好。

（4）前车灯、尾车灯灯罩无破损、脱落。

（5）车体两侧开门指示灯无损坏。

3.1.2.2 通电检修的日检内容

日检列车通电检修内容为对列车客室和司机室设备进行检查以及进行列车基本功能试验。

A 司机室设备日检

列车送电启车后，对司机室的日检工作包括对司机台面设备的检查，对司机室仪器仪表的检查，对座椅、电暖、遮阳帘、司机室门、间壁门的检查，应设备外观完好，功能正常。除此之外还需要对 TMS 进行检查，并进行列车基本功能试验。

对 TMS 的检查，主要是查看列车运营的故障记录，通过故障记录能了解列车运营期间各设备的正常使用情况，仔细分析故障记录，有助于减少列车正线大故障的发生。同时记录列车公里数、耗电量等数据，便于统计分析列车的整体情况。

列车的基础功能试验包括：牵引制动试验，空调、视频监控系统、列广、火灾报警系统、车门及其他辅助设备的试验。进行以上试验时，要求设备功能正常，无任何故障。

B 客室日检

客室内设备的日检内容包括：

（1）检查客室内所有装饰板、地板布、扶手、吊环拉手、车窗玻璃、座椅、电热罩板、灯罩、摄像头、灭火器、挡风板、安全锤等是否状态正常。

（2）检查客室内列广、车门设备功能是否正常。

（3）检查管通道设备外观是否正常。

3.2 月修检修工艺及内容

月修主要是对车辆某些部件进行检查、清扫、测量和调整，对牵引制动系统进行调试。

月修工作分断电系统检修和通电功能测试两部分。断电检修内容按位置可分为车下检修、车上检修和车顶检修；按部件分为走行部、制动系统、电气系统、车钩、车体、车上电气、车门系统、内装和管通道、车顶空调等。

对于个别系统由于不是常年使用，只需在使用期间对其进行维护，如空调系统制冷功能、电热系统、避雷器等。根据这些设备的特性将规程备注为冬季时段、夏季时段来执行。同时根据某些根据设备的性能需求，对其安排双月修或者三月修，从而避免过渡维修。

3.2.1 月修的准备工作

月修的准备工作包括专用工具和常用耗材等准备，根据工艺安排好人员分工和一天内工作内容的协调，保证在规定的时间内完成工作。

（1）专用工具准备。月修工作在日检工作的基础之上进行，配备一定数量的专用工具，便于测量和检修，保证各项性能指标满足标准。

常用的专用工具有压力表（0~1.2MPa）、空压机、吸尘器、计时器、水平尺、钢板尺（1.5m、300mm）、卷尺（3m）、轮缘尺、轮径尺、电动扳手、力矩扳手等。

（2）常用耗材准备。月修工作配备的常用耗材有客室灯管（15W、20W、40W）、司机室灯管、卡簧、开口销、镇流器、逆变器、闸瓦、空压机滤芯、干净抹布、碳滑靴、玻璃水、润滑油及润滑脂。

3.2.2 月修工艺流程

月修工艺流程如图 3-12 所示。

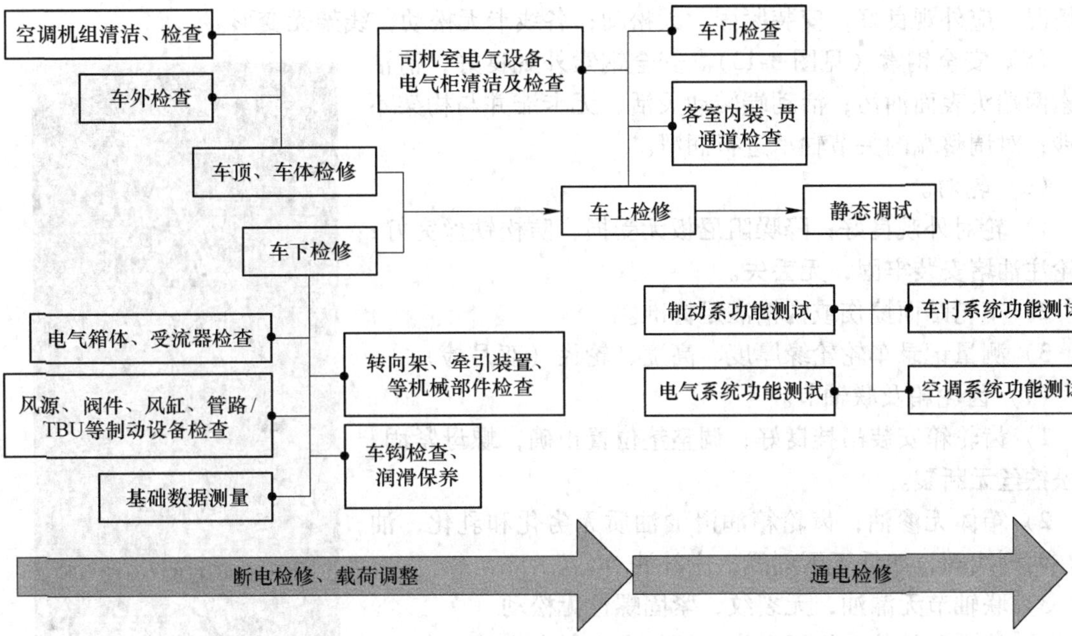

图 3-12 月修工艺流程

3.2.3 月修内容

3.2.3.1 月修断电检修

月修断电检修内容包括对车下机械系统、车下电气系统、车下制动系统、车体、车顶空调、通电功能等的检修。

A 车下机械系统

车下机械系统包括走行部、车钩等。

a 走行部

走行部的月修工作包括走行部组成部件的外观检查，走行部基础数据的测量、调整和关键部位螺栓、螺母的预紧。主要内容和标准如下：

（1）构架。构架外观良好，焊缝无裂纹、无开焊。

（2）一系悬挂。一系悬挂外观良好，安装牢固；橡胶零件裂纹符合标准，无油污，整垫位置正常，紧固螺栓无松动。测量一系高度，一系高度应符合标准，如超标安排人员进行调整。

（3）二系悬挂。二系悬挂主要检查空气弹簧及其部件，要求：

1）空气弹簧外观良好，破损在标准范围内；橡胶气囊上无化学品和油附着，空气弹簧挡铁安装牢固；空气弹簧调整垫位置正常。

2）测量二系高度和空气弹簧压力，两参数均应在标准范围内，如果需要超标进行调整。

（4）轴箱。

1）轴箱润滑脂无渗漏。

2）前后端盖、轴端设备（如ATC速度传感器、制动速度传感器、接地轴箱）、吊耳的情况，应外观良好，安装紧固、无松动；各线卡无松动，线架无变形。

（5）安全钢索（见图3-13）。安全钢索外观良好，清洁钢索两端头表面油污；活动端转动灵活，无卡滞并与构架不干涉；对调整端的关节轴承进行润滑。

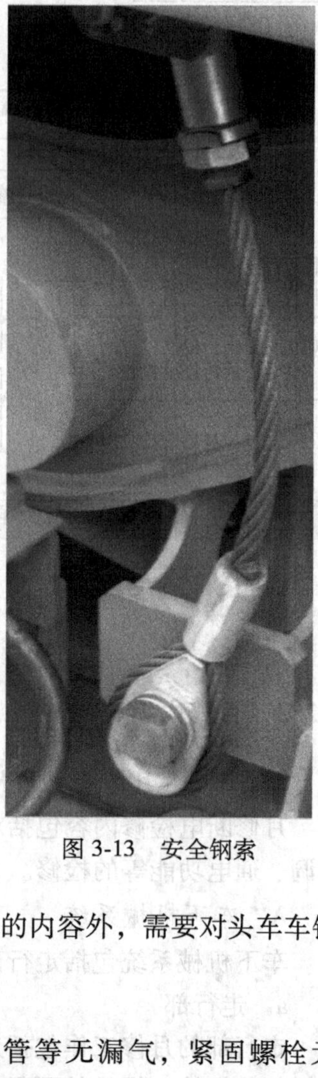
图3-13 安全钢索

（6）轮对。

1）轮对外观良好；降噪阻尼板无受损，防松铁丝完好；车轮注油堵安装牢固，无丢失。

2）车轮踏面擦伤或沟槽满足标准。

3）测量记录车轮轮缘厚度、高度、轮径（双月检）。

（7）齿轮箱及联轴节。

1）齿轮箱安装吊挂良好，调整垫位置正确，螺母紧固，防松铁丝无断裂。

2）箱体无渗油；齿轮箱润滑油油质无劣化和乳化，油量在两刻线间，如低于下刻线，应补油。

3）联轴节无漏油，无裂纹，紧固螺栓无松动；

4）检查联轴节电机侧和齿轮箱侧高度，高度差正常。

（8）中央牵引装置。中央牵引装置组成各部件外观良好，无变形、裂纹、异常磨耗等异常，固定螺栓无松动，记录中心销下端盖与牵引梁之间的间隙。

（9）其他。检查轮缘润滑器和排障器，要求外观良好，固定螺栓无松动，及时对轮缘润滑器补充润滑棒，排障器高度符合标准。

b 车钩系统

车钩系统月修检修工作内容大致同日检修程，除日检修程的内容外，需要对头车车钩的高度进行测量和调整，一般头车车钩高度为660^{+10}_{0}mm。

（1）头车半自动车钩。

1）车钩总体无裂纹，车钩各组件外观良好，风缸、风管等无漏气，紧固螺栓无松动。

2）对机械钩头进行清洁，并分别对凸凹锥、钩舌腔等处进行润滑。

3）拉动手动解钩装置，转动灵活。

4）压馈管无触发、移位或松弛。

5）接地线无松动、断股。

6）用水平仪检查车钩的横向水平度，目测检查车钩水平位时车钩的中心线与车体中心线重合。

（2）中间半自动车钩、半永久车钩。

1）车钩总体无裂纹，车钩各组件外观良好，紧固螺栓无松动。缓冲运动与磨耗正常，外表无破损。

2）压溃装置无触发，无松弛或移动。

3）连接环紧固件无损坏或松动，防松板正常，接口处无松弛。

4）清理凸轮板、滚轮和活塞等裸露部件。

B 车下电气系统

车下电气系统包括牵引系统、辅助供电系统、列车管理系统三大系统。月修时除了检查三大系统的箱体外观良好、吊挂安装紧固外，还需要对部分箱体开箱检查和清洁。

（1）VVVF 系统、SIV 系统。

1）各箱体外观良好，吊挂螺栓无松动。

2）确认箱体锁闭功能良好，密封盖无丢失；清洁散热片浮沉。

3）所有进出线连接良好，无松动；接地线无松动或者断裂。

4）LB 可见部件无损坏；灭弧室无损坏或异常，用干布对灭弧罩进行清洁。拨动 LB 主触头无卡滞，若触点有较严重的拉弧等异常造成接触面异常粗糙，可用砂纸（180 号以上）对触头进行打磨处理，注意不要损伤触点表面，不要露出铜制材料，打磨时需特别注意必须保持 LB 原有的灭弧角。

5）CHB 可见部件无损坏，灭弧室无损坏、无异常，用干布对灭弧罩进行清洁，行程开关动作正常、接线无松动，触点无过度烧蚀及磨损。

6）SIV 箱空气过滤器外观良好，使用压缩空气对空气过滤器进行清洁。

（2）高速断路器、辅助高速断路器、滤波电抗器箱、母线高速断路器、避雷器、TMS 箱、BCG 箱。

1）箱体外观良好，吊挂螺栓无松动，锁闭功能正常，进出线无松动，接地线无松动或者断股。

2）检查母线高速断路器箱体灭弧罩无损伤，清洁灭弧罩及箱体内部，内部机构无异常。

（3）主隔离开关箱、主熔断器箱、母线熔断器箱、接地开关箱（动车）、接地开关箱（拖车）、EXB 扩展供电箱、辅助隔离开关箱。

1）箱体外观良好，吊挂螺栓无松动，锁闭功能正常，进出线无松动，接地线无松动或者断股。

2）打开箱体，清洁箱体内部无灰尘，检查箱体内部闸刀开关、接线、紧固件无松动，元器件无损坏等异常。

（4）牵引电机。

1）牵引电机安装螺栓无松动，电机电源线连接无松动，无磨损。速度传感器接线无划伤，接头无松动。

2）牵引电机表面干净无异物、无破损；清洁牵引电机进风口滤网；牵引电机油堵状态正常，无丢失。

3）电机接地碳刷固定装置无松动，接地线连接可靠无松动，接地装置外观无异常。

（5）单芯、四芯、108 芯、SC 线及接地线。对车间连线单芯、四芯等线月修检查时，查看线缆外观均良好，插头插接紧固。

（6）制动电阻。

1）检查制动电阻箱外观良好，固定螺栓无松动，接地线无松动或断股。

2）制动电阻片无烧焦、断路、短路现象，电阻片安装绝缘子、串杆无破裂。

（7）蓄电池。

1）检查蓄电池箱体外观良好，吊挂螺栓无松动，锁闭功能正常，进出线无松动，接地线无松动或者断股。

2）打开箱体检查，单体外观无异常，单体间连接片固定螺栓无烧灼、变形等异常，电池组接线电缆无松动，温度传感器状态良好。

3）电池单向阀状态良好，单体可见液面在上下限位以内，箱内无电解液溢出；若液面低于最高液面 20mm 以上，应加注蒸馏水至最高液面。

4）电池盒、电池车安放位置正确，绝缘垫板无脱落。

5）用干净的湿布对箱体内部、蓄电池表面绿色绝缘条、单向阀表面进行清洁。

6）分别断开 BATN1、BATCN，对蓄电池组电压进行测量，确认蓄电池组输出电压在 86~110V 之间。

（8）受流器。

1）检查受流器吊挂安装牢固，受流器外观良好，电缆无破损，线卡无松动，确认受流臂上下摆动正常，受流器熔断器无烧毁（红色指示标记未弹出），检查限位螺钉位置及磨损情况。

2）碳滑靴磨损量均匀，无破损等异常，碳滑靴剩余厚度未接近磨耗极限。

3）用干布对受流器绝缘罩进行清洁。

4）测量受流器自由位置时方轴与轨面之间的高度，应符合 180±2mm（每 2 次月修时进行）的要求。

C　车下制动系统

车下制动系统包括风源系统、风缸、制动控制设备、制动缸、各类阀件及管路和附属设备。

（1）风源系统。风源系统包括空压机系统、干燥塔及安全阀。

1）空压机、干燥塔及安全阀外观完好，固定螺栓无松动，开口销无断裂或丢失。

2）空压机无渗油，油位在刻线 2/3 处，油质无劣化或乳化；清洁油位管。

3）清洁空气过滤器滤芯，空气过滤器真空指示器不显示红色；进气口无异物堵塞，清洁进风口。

4）双塔干燥器排水口无沉淀物，双活塞阀无漏气。

5）空压机、干燥器电器线路接口牢固无松动、电线保护套无裂纹破损。

6）橡胶软管无裂纹、无破损、无起层，两端接头牢固无松动、无漏气。

7）高压管路、低压管路无破损、无变形。

8）安全阀铅封完好。

（2）风缸及总风安全阀。风缸分为总风缸和制动风缸两种，对于头车来说，检修时还须对总风安全阀进行检查。

1）风缸吊挂安装牢固，固定螺栓无松动，吊装带无破损。

2）风缸管路接口安装牢固，无松动，无漏气。

3）总风安全阀安装牢固，无漏气，铅封完好。

4）总风缸的排水塞门和制动风缸的螺堵安装牢固，无漏气；打开风缸的排水塞门，排尽风缸中的水。

（3）EP2002 阀（见图 3-14）。

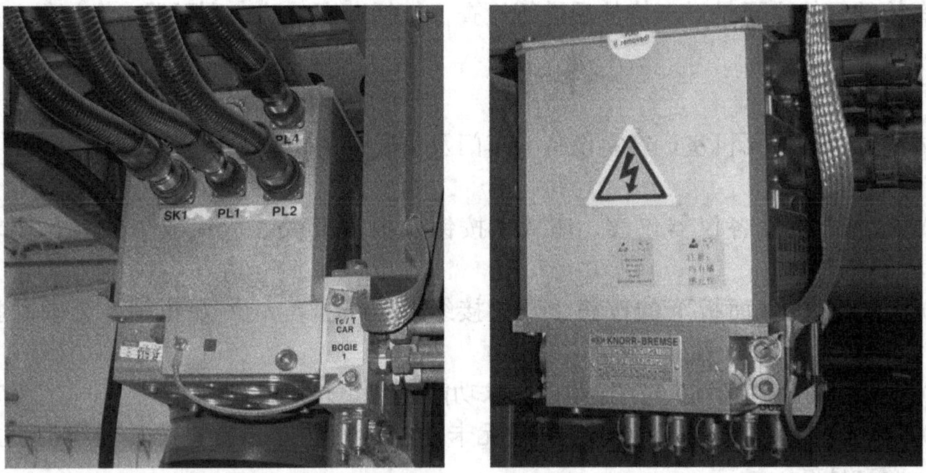

图 3-14 EP2002 阀

1）EP2002 阀外观良好；阀体和阀座固定螺栓无松动；电气连接器插头插接到位，PMA 管无裂纹、无破损。

2）阀体、管接头无漏风，管接头无松动。

3）清洁压力测试接头。

（4）制动缸。

1）检查制动缸缸体、橡皮保护套、闸瓦回位簧、弹性闩及开口销，要求无异常。闸瓦回位弹簧无断裂，闸瓦托开口销无损伤。

2）制动缸安装螺栓无松动；停放制动缸的手动缓解拉绳无断裂，安装良好。

3）制动缸、管接头无漏气，管接头无松动。

4）检查闸瓦厚度，磨耗在标准范围内，无异常磨耗。

5）缓解制动，目测车轮和闸瓦之间的间隙约 10mm。

（5）各类阀件及管路。

1）检查各类阀件和管路，外观良好；软管无死折，无漏风；管接头无松动。

2）清洁辅助控制箱内部，总风压力开关、停放制动电磁阀及带电触点塞门接线良好，无磨损及脱落。

3）各塞门位置正常，手柄转动无卡滞。

（6）高度阀。

1）高度阀外观良好，安装牢固，固定螺栓无松动；管路连接牢固，无漏气。

2）水平杆基本处于水平位置且高度阀无充排气现象，水平杆偏离角度过大时更换高度阀。

3）调整杆安装牢固，无变形，无弯折，清洁球关节，关节活动灵活，防护拉环断裂。

（7）附属设备。制动系统附属设备包括双针压力表供风，风笛组件，自动解钩组件及 BHB 供风部分。月修检查时要求各部件功能正常、外观良好，管路接头无松动、无漏风。

D 车体

对车体的月修主要是对车体外观进行检查，包括车窗玻璃、刮雨器、车灯等。要求外观良好，安装牢固。

E 车内检修

车内检修包括对司机室、客室设备、车门及贯通道的检查。

a 司机室

(1) 检查司机室各仪器仪表、座椅、按钮及扳键开关、灭火器等设备，要求外观良好。

(2) 检查司机台面板下的按钮、开关接线、端子排配线外观正常、无松动损坏等异常。

(3) 检查司机室遮阳帘、刮雨器，要求功能正常，外观良好。

(4) 检查司机室侧门，要求开关门时无卡滞，锁闭功能正常，旋转锁润滑良好；螺栓紧固，密封良好。

(5) 检查司机室控制柜内的各按钮、断路器等，铅封无破坏、面板安装牢固；面板后接线牢固，无松动脱落。

b 客室检查

对客室的检查包括对客室电气和内装系统检查、对客室门和间壁门的检查、对贯通道的检查。

(1) 客室电气。客室电气的检查主要是对电气柜和空调柜的检查。

1) 检查柜内的各断路器、继电器等设备，要求设备接线良好，安装牢固。

2) 火灾报警系统、PIS 系统设备功能正常。

(2) 内装系统。

1) 检查客室扶手、门立柱扶手、侧扶手组成、横杆安装牢固，无变形，吊环安装牢固，吊环组成无破损。

2) 客室和贯通道灯罩板安装牢固，罩板无裂纹破损。

3) 车门侧安全锤、乘客报警装置、紧急解锁罩板完好，客室内客运标志无缺失、无破损、粘贴良好。

4) 客室座椅安装牢固，无裂纹破损；座椅下 B05 截断塞门箱箱体无变形，锁闭正常。

5) 检查客室摄像头安装牢固，外观完好；LCD 多媒体屏安装牢固，外框无划伤破损；LED 屏玻璃罩无裂纹破损，安装牢固；广告栏外框及膜安装牢固，无破损。

6) 检查通风格栅、回风罩板、电加热器罩板及罩板锁，要求外观良好，功能正常。

(3) 贯通道。

1) 贯通道的锁紧密封良好，踏板、渡板、棚板、侧护板正常且处于正确位置，无翘起，无变形，磨耗件磨耗正常，部件锁闭功能正常。

2) 渡板锁钩部件无失效、脱钩现象，支撑良好无塌陷。

(4) 客室门。

1) 门板外观、内外隔离装置、紧急解锁装置等，要求设备完好，无损坏。

2) 门扇护指胶条和周边密封胶条无变形，车门关闭后，密封良好。

3）检查吊挂机构、安装底板、连接板、锁闭弯连杆等处螺栓无松动，防松线清晰。

4）检查车门上下滚轮，进行手动开关门操作，要求开关门动作灵活，无卡滞，无异声。

5）检查齿带、齿带轮，要求外观良好，无断齿或裂纹。测量齿带张力满足标准。

6）检查滑车，补充一定量的润滑脂。

7）检查端子排接线、门控器接线、各行程开关，要求接线无松动，行程开关位置状态良好。

8）测试车门功能，如测试电动开关门、隔离、防挤压、紧急解锁等功能。

F　车顶空调检修

车顶空调检修如图 3-15 所示。

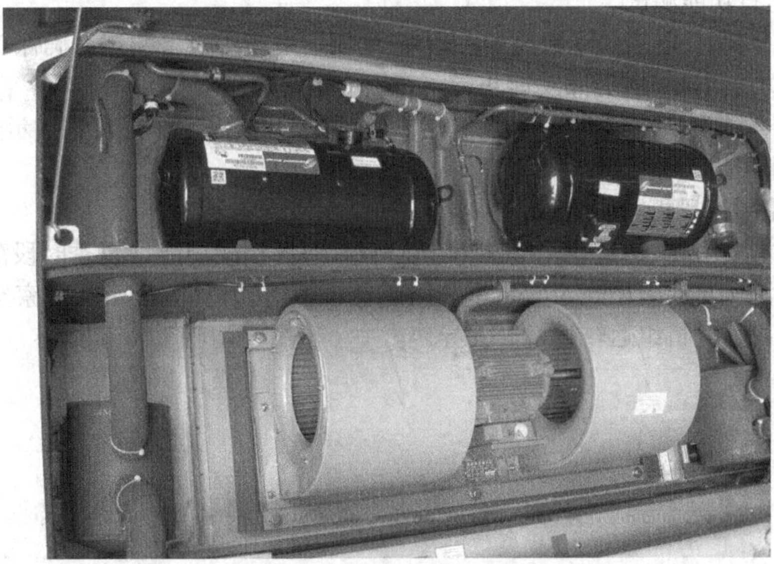

图 3-15　车顶空调系统

（1）空调机组外观良好，机组各紧固螺栓安装牢固，机组盖合页（包括合页开口销）、盖锁、紧固螺栓无松动和损坏；二次防护功能正常。

（2）检查冷凝风机扇叶无变形、无划伤，冷凝风机腔无积水。

（3）用预备的干净滤网更换新风滤网、回风滤网（在客室内），保证滤网安装牢靠、无破损；清洗换下的脏滤网时，洗净后晾干备用。

（4）清洁蒸发器、压缩机腔、气液分离器下面的水盘和排水口；清洁车顶积水盘，疏通排水口；清洁蒸发器、冷凝器翅片和冷凝风机积水盘；清扫空调新风口、回风口（夏季时段，每 2 个月进行一次）。

3.2.3.2　通电功能测试

（1）制动系统功能测试。制动系统功能测试主要是对风源系统功能进行检测，对常用的几种制动模式进行测试，要求设备功能正常，无异常显示或者记录。主要的测试内容包括：

1）空压机功能测试。测试内容包括空压机补风时间、主空压机和辅空压机启动压力测试及转换测试、双塔干燥器干燥与再生切换周期等，以确保空压机状态正常。

2）整车保压试验。

3）安全阀功能测试。

4）停放制动、常用制动、紧急制动功能测试。测试过程中TCMS显示压力正常，系统无任何故障。

（2）电气系统功能测试。电气系统功能测试，要求各设备功能正常，指示灯或者TCMS显示正确，正常操作时无故障记录，确认试验完成后，故障记录排除。主要的测试内容包括：

1）SIV启动测试。

2）扩展供电功能测试。

3）紧急运行功能测试。

4）仪表、照明、电热、视频监控、PIS、雨刷、电笛等设备测试，确保功能正常。

5）旁路功能测试，各旁路功能正常，牵引能正常建立。

（3）车门功能测试。集控进行开关门操作，要求开关门动作正常，指示灯显示正确。

（4）空调功能测试。

1）司机室引流风机功能测试：要求运转正常，无异声。

2）空调功能测试：通过TMS集控测试空调机组各模式功能（夏季时段测试自动冷模式，冬季时段测试自动暖模式，其余季节测试通风模式），TMS显示屏观察空调功能、状态正常，客室内空调机组运转正常、无异声。

4 城市轨道交通车辆定期维修与其他维修

4.1 定期维修

定期维修（定修）是电客车运营里程达到 12. 5 万~15 万公里或者运营时间达到 12 个月时进行的维修。定修主要是局部分解，对重点部分如走行部分、受流器、电气控制系统、牵引、制动等部件进行清洁、检查、修理、测试，修后对车辆进行静、动态调试。一般定修的检修周期为 10 天左右。定修分为无电检修、送电检修和动调作业。

定修为月修基础之上是检修修程，检修内容包含月修内容，因此以下只对二者不同之处进行说明。

根据检修工时、检修地点合理安排相应的工艺流程是缩短列车扣停时间必须考虑的，图 4-1 所示为某公司地铁列车检修工艺流程。

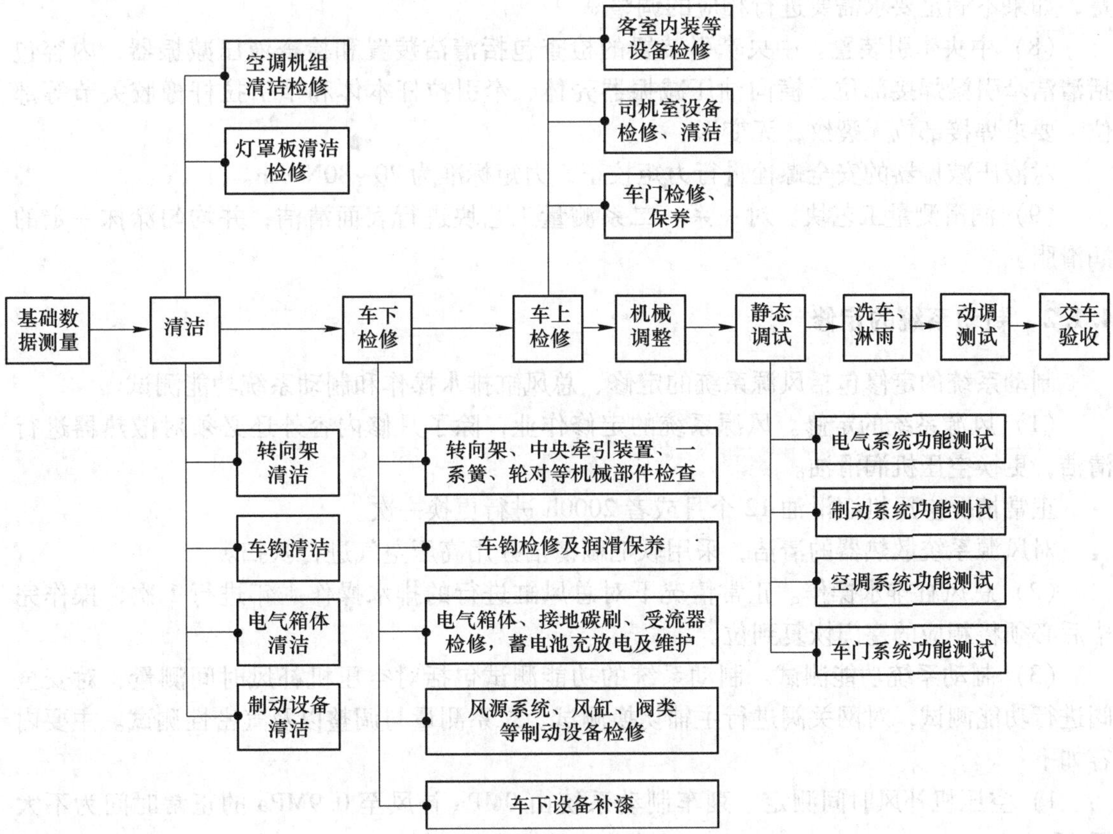

图 4-1　某公司地铁列车检修工艺流程

4.1.1 走行部分的定修

走行部分的定修包括构架、一系弹簧、二系弹簧、轴箱装置、安全钢索、齿轮箱、联轴节、中央牵引装置和测量工艺块的定修。

（1）构架。

1）清洁电机安装座、牵引拉杆安装座、齿轮箱吊杆安装座、橡胶弹簧安装座、横向油压减振器安装座、横梁和侧梁连接处、侧梁焊接处等关键部位，查看焊缝性能。

2）对构架锈蚀的地方进行除锈并按工艺要求进行补漆。

（2）一系弹簧。清洁橡胶弹簧表面，橡胶弹簧表面无油污、污渍。

（3）二系弹簧。清洁气囊、橡胶堆及气囊上表面，要求无油污和明显浮尘。

（4）轴箱装置。对于轴箱装置的检查包括轴箱体外部清洁以及检查轴箱内设备。要求轴箱外部清洁，轴箱内无锈蚀、明显尘土等。

（5）安全钢索。安全钢索的检查包括对钢索两端的清洁和对关接轴承的润滑，要求活动端头部分、耐磨套等清洁，转动灵活。

（6）齿轮箱。齿轮箱的定修作业包括更换齿轮箱油、清洁齿轮箱体及对固定螺栓的检查。对于齿轮箱，正常情况下 3 年更换一次润滑油。

（7）联轴节。对联轴节的检查除了月修的内容外，还需要对联轴节的高度差进行测量，如果不满足要求需要进行相应的调整。

（8）中央牵引装置。中央牵引装置的检查包括清洁装置和检查液压减振器，内容包括清洁牵引梁焊接部位、横向油压减振器壳体、牵引拉杆本体和牵引拉杆橡胶关节等部位，要求焊接部位无裂纹，无变形。

对液压减振器的安全螺栓进行力矩校正，力矩标准为 70~80N · m。

（9）润滑测量工艺块。对一系、二系测量工艺块进行表面清洁，并均匀涂抹一定的润滑脂。

4.1.2 制动系统的定修

制动系统的定修包括风源系统的定修、总风缸排水操作和制动系统功能测试。

（1）风源系统的定修。风源系统的定修作业，除了月修内容外还必须对散热器进行清洁，更换空压机润滑油。

正常情况空压机润滑油 12 个月或者 2000h 进行更换一次。

对风源系统散热器的清洁，采用软毛刷清洁并用高压空气进行吹扫。

（2）总风缸排水操作。正常情况下对总风缸进行的排水操作 1 年进行 1 次，操作完毕后必须将相应的塞门恢复到位。

（3）制动系统功能测试。制动系统的功能测试包括对空压机补风时间测量，对安全阀进行功能测试，对网关阀进行主辅切换测试、二系测量与调整以及气密性测试。主要内容如下：

1）空压机补风时间测定，列车制动系统由 0MPa 补风至 0.9MPa 的正常时间为不大于 15min。

2）对双塔干燥器进行露点测试。

3）对总风安全阀进行功能测试，记录安全阀的开启和完全闭合压力值。

4）对网关阀的主辅进行切换测试，要求切换正常，无通信不良情况。

5）对空气弹簧压力和二系高进行调整，保证两参数均在标准范围内。

6）分别对总风气密性和制动部分气密性进行测试，要求二者均在标准范围内。

4.1.3 车门系统的定修

车门系统的定修主要包括司机室侧门、间壁门和客室门的定修。

（1）司机室侧门。

1）司机室侧门的维护主要是对系统润滑以及对门锁系统进行检修，内容包括对密封胶条进行清洁并用甲基硅油保养。

2）对滚轮滑车系统添加适量润滑脂。

3）对门锁系统螺栓、螺母及开口销等件进行紧固，并对旋转锁系统进行润滑。

（2）间壁门。间壁门的检修内容主要为对门扇合页检查以及对门锁进行维护，内容为：

1）门扇合页无裂纹、严重变形，固定螺栓无松动。

2）门锁系统功能正常，润滑良好，内部复位弹簧等无失效。

（3）客室门。客室门的检修和维护保养包括对系统的润滑、对齿带的检修等，主要内容如下：

1）清洁和检查齿带，测量齿带张力，保证其满足要求。

2）清洁车门四周密封胶条和中部护指胶条，并用甲基硅油进行保养。

3）清洁滑车和光轴，并对滑车添加适量的润滑脂。

4）清洁滑道，检查滚轮及导向轮；对导向滑道进行适量的润滑。要求滚轮无变形、偏磨及表面积垢。

4.1.4 电气系统的定修

电气系统的定修主要包括受流器、制动电阻、避雷器、牵引电机、VVVF 箱体、SIV 箱体、司机室内电器设备及其他电器设备的定修。

（1）受流器。受流器的维护作业包括对受流器进行清洁，测量接触压力以及绝缘性能测试。受流器工作状态下的接触压力为（120±24）N，并要求绝缘电阻值不小于 100MΩ。

（2）制动电阻。对制动电阻进行阻值测量和绝缘性能测试，制动电阻值为（0.698±5%）Ω，绝缘电阻值不小于 20MΩ。

（3）避雷器。每年 4 月份对所有列车的避雷器进行绝缘性能测试，要求绝缘电阻值不小于 100MΩ。

（4）牵引电机。牵引电机的维护包括对电机轴承补充润滑脂以及检查接地碳刷。

1）电机轴承润滑脂要求每两年补充一次，一次 30g。

2）接地碳刷，需要测量碳刷的厚度以及测量弹簧的压力值，并对碳刷进行清洁。

（5）VVVF 箱体。对 VVVF 的维护包括对充电电阻和放电电阻等进行检查及测量电阻值，对箱体内部接线及紧固螺栓进行防松检查。

（6）SIV 箱体。SIV 的维护包括检查风机叶片、清洁通风装置及过滤器，同时还需对箱体内部的接线及紧固螺栓防松进行检查。

（7）司机室内电器设备。

1）司控器的维护主要是对组件的润滑保养及接线检查。要求对齿轮、凸轮及轴进行润滑保养。

2）检查司机台面按钮或开关、侧墙和电气柜中按钮接线，要求接线无松动，开关动作和功能正常。

（8）其他电气设备。除了以上的设备外还需要对列车上的其他电气设备进行维护，主要包括对火灾报警系统进行维护、对客室电热进行维护、对照明系统进行维护以及对车上柜体进行内部清洁等。

4.1.5 空调系统的定修

空调系统的定修主要包括如下内容：

（1）检查通风机、压缩机、电加热/蒸发器、风阀、温度传感器、保温棉、管路及其他部件。

（2）清洁蒸发器、压缩机腔、气液分离器下面的水盘和排水口，清洁车顶积水盘，疏通排水口。

（3）清洁蒸发器、电加热器、冷凝器翅片。

（4）清扫空调新风口、回风口和冷凝风机积水盘。

（5）清洁通风机叶轮上的灰尘。

（6）清洗或清扫机组其余各部分，要求对压缩机、气液分离器、干燥过滤器进行外部清洁。

（7）用纱布和清洗剂清洗新、回风温度传感器探头。

4.1.6 其他设备的定修

其他设备的定修主要包括车钩系统、内装系统、贯通道的定修。

（1）车钩系统。

车钩系统的维护包括对头钩及中间车车钩的维护，工作内容为钩身清洁和润滑，以及对头钩钩身和端面进行补漆。其中对车钩的润滑需按相应的指导书进行操作。

（2）内装系统。

内装系统工作内容包括月修的内容，此外还包括罩板锁具部件的功能检修，如司机室门罩板锁、各电器柜锁、客室车门罩板锁、车门旋转立柱检修门锁、灭火器安装框锁、车体连接处罩板锁、B05 罩板锁等部件的功能检修。

（3）贯通道。

贯通道包括顶板总成，侧护板总成，踏、渡板总成，棚布总成，安装框总成。对贯通道的检查为对以上各总成部件的检查。

4.1.7 动态测试

检修作业完成后需要对列车进行动态测试，测试在试车线进行。测试内容从专业上分电气、牵引、制动等系统的测试。

4.1.7.1 牵引试验

牵引试验包括低速牵引、最大牵引、牵引曲线、应急牵引等测试。

（1）在列车两端分别进行以下级位转换试验：

P10→10km/h→P50→20km/h→P75→30km/h→P100→50 km/h

P100→20km/h→P75→30km/h→P50→40km/h→P10→50km/h

（2）在列车两端分别进行 40km/h、60km/h、80km/h 牵引试验，试验后下载列车 ER 记录，列车速度、线路电流、网压、加速度等参数应满足要求。

4.1.7.2 制动试验

最小制动（B10）： 10km/h→B10→ 停止。

最大常用制动（B100）：80km/h→ B100→ 停止。

80km/h 时施加紧急制动，记录减速度值满足要求。

80km/h 时施加最大常用制动，记录减速度值满足要求。

测试电制动功能：30km/h 时施加快速制动，直到停车，记录 M 车电制动消失的速度值，标准值 $v=5\sim7$km/h。

4.1.7.3 其他电气试验

（1）后退模式运行试验。将方向手柄置于“R”位，将主手柄置于“P100”位，此时车辆处于后退运行模式，速度限制在 10km/h 以下。

（2）洗车模式运行试验。将方向手柄置于“F”位，按下洗车模式按钮后将主手柄置于“P100”位，此时车辆处于洗车运行模式，速度限制在 5km/h。

（3）紧急运行模式试验。将方向手柄置于“F”位，断开头车客室控制柜内 TMS 单元断路器 TMSN1、TMSN2，按下紧急运行按钮，按下紧急运行模式按钮后将主手柄置于“P10”位，此时车辆处于紧急运行模式，速度限制在 25km/h 以下。

（4）紧急制动按钮动作试验。车辆以 30km/h 速度运行时，按下操纵台上的紧急制动按钮，车辆立即实施紧急制动直至停车。在车辆停车前，即使将紧急制动按钮恢复，将司控器主手柄打到“RB”位，车辆紧急制动也不能缓解。

（5）司控器警惕动作试验。车辆以 30km/h 速度运行时，松开司控器警惕手柄，3s 后，警惕指示灯亮，警惕蜂鸣器鸣叫，再经过 3s 后，车辆实施紧急制动。

（6）运行过程中手柄回“0”位保护试验。车辆以 30km/h 速度运行时，将司控器方向手柄置于“0”位，车辆立即实施紧急制动，直至停车。

（7）运行过程中开门保护试验。车辆以 10km/h 速度运行时，用车门紧急解锁开关将任一车门打开，车辆将切除牵引惰行运行，关门后用车门隔离开关将此车门隔离，车辆则恢复到牵引运行状态。

（8）ATC 切除保护电路试验。按下 ATC 切除按钮 ATCCB，车辆以 30km/h 速度运行时，恢复 ATC 切除按钮 ATCCB，ATC 切除继电器 ATCCR1～ATCCR3 断电，车辆施加紧急制动。再次按下 ATC 切除按钮 ATCCB，ATC 切除继电器 ATCCR1～ATCCR3 不得电，列车停止后 ATC 切除继电器 ATCCR1～ATCCR3 得电。

（9）车场限速模式运行试验。将方向手柄置于“F”位，按下车场限速按钮后将主手柄置于“P100”位，此时车辆处于车场限速运行模式，速度限制在25km/h以下。

（10）车门旁路牵引试验。列车静止状态下手动紧急解锁任意一个车门，按下门旁路按钮和TMS屏上的软旁路按钮，列车可以正常牵引。

（11）高加速试验。按住高加速按钮，推动牵引手柄至P100位，TMS屏显示VVVF状态为蓝色。

（12）电制动切除试验。断开一节动车HBN和VFBN断路器，制动时VVVF状态不显示粉红色。

（13）80km/h切牵引测试。推动牵引手柄至P100位，加速至80km/h，手柄保持在牵引位，此时TMS显示牵引切除。

（14）牵引列车，当列车速度10km/h时，在司机室进行集控开门测试，车门无法打开。

4.2 均衡维修

随着运营间隔的缩小，行车密度加大，需要上线运营的列车数量增加。为满足运能和运量，列车被超负荷使用，从而导致车辆的绝对故障数增多，同时能够停扣的列车数减少。在此情况下，采用传统的按照运营里程或运营时间来进行预防性计划维修和列车故障后的故障维修的模式，无法全面满足使用的要求。

同时，车辆的部件具有不同的使用寿命和维修周期，传统的维修模式使得一些部件得不到及时维护，而有些部件又被不必要的过渡维护，从而影响了运行的可靠性和维修的效率。此外，传统的维修模式还存在着检修能力利用率低、扣车用于检修的停库时间长（月检1天、定修10天、架修30天等）、列车投运率低等问题。

在城市轨道交通网络化运营后，轨道交通运能和运量的矛盾将会日益突出。为了满足轨道交通网络化运营的需要，进一步提高电动列车的投运率，缓解日益严峻的运能和运量的矛盾，许多地铁公司从电动列车检修修制与运营实际相结合的角度出发，提出了均衡维修模式（或称全效修），如上海、南京、深圳等地铁公司相继试点进行均衡维修。

均衡维修将列车的设备和部件作为维修对象，通常将检修间隔要求相近的项目打包，维修的内容控制在列车运行的窗口时间内完成。利用运行窗口时间将原规程检修内容划分在几个窗口不同时段进行，对需要进行维修的零部件采用互换性的方式。均衡修也因对车辆的维修、检查工作分散而均衡得名。

图4-2所示为车辆均衡方式，白色长条为均衡维修。原修程（计划性维修）将维修工作集中在一天或者几天内完成，列车停扣数日。均衡修则将这些维修内容分布在较长的时间内完成，每天仅需要数小时，维修的时间一般定为非运营时段和非高峰时间，如图4-3所示。

对于检修内容，一般来说均衡修就是将原有的月检与定修合二为一，内容进行整合，检修工作在列车运行窗口时间进行。一般均衡修将检修工作分成12个部分，形成“均衡修1”至“均衡修12”共12个新的修制，每月完成一个均衡修修制，一年后刚好完成列车定修工作。由于均衡修是基于多年车辆运营、检修统计，在积累大量数据的基础上，对

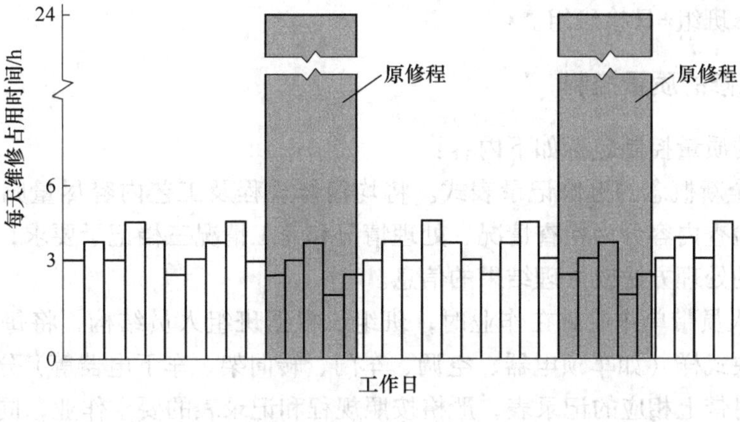

图 4-2 车辆均衡方式

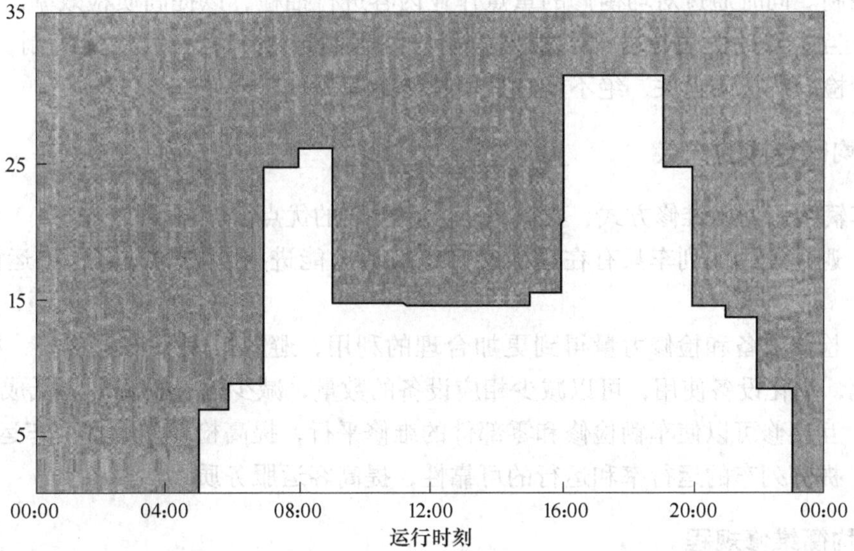

图 4-3 地铁车辆运作模式

检修项目进行优化，将一些项目检修周期缩短、一些延长，因此检修内容更加符合车辆的实际技术状态。

与传统维修模式对比，采用均衡修维修模式，需要对电动列车均衡修修程的制定、组织机构的调整、质量的有效控制、检修工装设备的确认、备品备件的核实及车辆信息化管理等工作进行充分的准备。

4.2.1 均衡维修的组织机构

实施均衡修后，由于取消了原定修项目，将定修作业内容整合到 12 个均衡修项目中，将班组成员同时进行调整，组织结构趋于精简。

实施均衡修前，组织机构为：日检班组+月检班组+定修班组；实施均衡修后，组织机构变为：均衡修班组+日检班组。

4.2.2 均衡维修的质量控制

均衡维修的质量控制包括如下内容：

（1）实行全新概念的检修记录表式。将均衡修规程及工艺内容尽量归入检修记录表中，并将每个检查内容分为检查情况、处理情况和完工情况三档记录要求，记录检修人员在实际作业中的处理方法或处理结果的信息。

（2）检修人员带单作业。在作业时，班组长根据班组人员结构，将每个均衡修修程的记录表以模块式样（如车顶电器、空调、车门、转向架、车下电器等）分发给组员，班组人员在作业时带上相应的记录表，严格按照规程和记录表的要求作业，同时在作业前可以对自己负责的检修项目做好准备，做到无漏检项目。

（3）质检人员跟班作业。利用质检人员跟班这种质检的实践方式，对均衡修过程进行全程控制。同时通过对均衡修的重点作业内容进行抽检，以提高质检效率。

（4）互补互助的质检方式。根据均衡修规程制定详细的三级检验机制，通过自检、互检、专检，严把质量关，绝不放过任何检修纰漏。

4.2.3 均衡维修的优点

对车辆采用均衡维修方式，具有以下几个方面的优点：

（1）避免使用的列车只有在退出每日运行后才能进行检修的缺点，将运能功效发挥至最大。

（2）检修设备和检修力量得到更加合理的利用，避免忙闲不均的现象，检修能力效益最大化，优化设备使用，可以减少相应设备的数量，减少建设投资，降低成本。

（3）互换修可以使车辆检修和零部件的维修平行，提高检修质量和列车运行可靠性。

（4）提高列车的运行率和运行的可靠性，提高客运服务质量。

4.2.4 均衡维修规程

均衡维修是在传统维修基础上发展而来的，通过对列车的维修数据进行统计分析，结合制造厂家提供的维修手册，其维修策略和修程更加贴合实际。表 4-1 ~ 表 4-4 是某车型的均衡维修的部分规程。

表 4-1　受电弓检修规程

项目	内　容	技 术 要 求	修程 1	修程 2	修程 3	修程 4	修程 5	修程 6	修程 7	修程 8	修程 9	修程 10	修程 11	修程 12
受电弓	检查电缆和各紧固螺栓	紧固螺栓无松动 电缆终端的接线头及电缆、导线无损伤	*	*	*	*	*	*	*	*	*	*	*	*
	检查滑块磨耗及与底架固定状态	滑块外观无异常，滑块厚度及外观满足要求	*	*	*	*	*	*	*	*	*	*	*	*
	检查受电弓框架及上框架定位杆	受电弓框架无裂纹，无变形；定位杆无松动	*	*	*	*	*	*	*	*	*	*	*	*
	检查集电弓羊角	紧固正确，无损坏，无变形，否则更换	*	*	*	*	*	*	*	*	*	*	*	*
	检查、清洁绝缘子	清洁绝缘子表面无破损、裂纹，否则更换	*	*	*	*	*	*	*	*	*	*	*	*
	检查平衡杆的功能	清洁平衡杆，润滑平衡杆球铰部分	*	*	*	*	*	*	*	*	*	*	*	*
	检查短连线	钢丝绳满足质量要求			*	*	*	*	*	*	*	*	*	*
	检查受电弓轴承的运动情况	转动灵活，无卡滞现象	*	*	*	*	*	*	*	*	*	*	*	*
	测量并记录弓与触网的接触压力	压力值允许范围为（120±10）N		*			*			*			*	
	测量受电弓对地绝缘阻值	绝缘阻值大于 500MΩ					*							
	检查受电弓升弓、落弓时间	升弓（8±1）s，落弓（8±1）s					*							
	检查锁销	当受电弓降弓后，检查锁销锁闭； 检查基础支承架上的锁销，紧固正确					*							
	检查集电头上的弹簧	无变形、裂缝					*							

注：表中 * 为检修作业。

表 4-2 车下电器检修规程

项目	内 容	技术要求	备注	修程 1	修程 2	修程 3	修程 4	修程 5	修程 6	修程 7	修程 8	修程 9	修程 10	修程 11	修程 12
牵引电机	检查电机的进、出风口	清洁，完好，无异常		*	*	*	*	*	*	*	*	*	*	*	*
	检查速度传感器	无损坏，无松动		*	*	*	*	*	*	*	*	*	*	*	*
	检查电机固定紧固件、防松标记	无损坏、脱落，防松标记无错位		*	*	*	*	*	*	*	*	*	*	*	*
	检查注油孔盖	无遗失或损坏，否则更换，轴承油脂应无泄漏		*	*	*	*	*	*	*	*	*	*	*	*
	检查牵引电机接线盒装置	应完好无松动		*	*	*	*	*	*	*	*	*	*	*	*
	检查牵引电机电缆线夹	应完好无松动		*	*	*	*	*	*	*	*	*	*	*	*
	对轴承进行补油	添加适量润滑油				*									
	检查牵引电机安全装置	应完好无松动		*	*	*	*	*	*	*	*	*	*	*	*
空压机	检查外观、电缆接头及安装固定	无损伤，无松动，无异常		*	*	*	*	*	*	*	*	*	*	*	*
制动电阻箱	清洁并检查进、出风口	清洁，无异物		*	*	*	*	*	*	*	*	*	*	*	*
	清洁并检查电阻元件和固定绝缘子	完好，无异常		*	*		*	*			*			*	
	检查冷却风机电机	清洁，冷却风机电机转动正常			*	*		*	*	*	*	*	*	*	*
	清洁并检查传感器	完好，无异常			*			*			*			*	
	检查电缆连接状况	电缆无松动、无损坏			*										
	清洁制动电阻箱	清洁无积灰	吹扫线作业		*										

续表 4-2

项目	内　容	技术要求	备注	修程 1	修程 2	修程 3	修程 4	修程 5	修程 6	修程 7	修程 8	修程 9	修程 10	修程 11	修程 12
蓄电池箱	检查蓄电池箱箱体及锁闭装置	无遗失，无损坏，功能良好		*	*	*	*	*	*	*	*	*	*	*	*
	检查、清洁通风孔及漏液孔	通风孔及漏液孔通畅无杂物		*	*	*	*	*	*	*	*	*	*	*	*
	测量蓄电池总电压	蓄电池电压总值大于100V		*	*	*	*	*	*	*	*	*	*	*	*
	检查、清洁通风孔及漏液孔	通风孔及漏液孔通畅无杂物						*							
	蓄电池补液	补液并记录补液值						*							
	清洁主蓄电池表面污迹	外壳表面清洁，无结晶附着						*							
VVVF 箱	清洁并检查箱体	清洁，无灰尘		*	*	*	*	*	*	*	*	*	*	*	*
	检查车间电源盖板固定情况	车间电源盖板锁紧		*	*	*	*	*	*	*	*	*	*	*	*
	检查并清洁通风通道及模块散热部件	清洁，无灰尘	吹扫线作业		*		*								
	检查进出风格栅	无异物，无损伤			*	*		*		*	*		*	*	
	检查并且清洁冷却风扇	清洁，无积尘	吹扫线作业		*										
	检查高速开关外观和连接	外观完好，各连接线接线正确、线缆良好				*			*			*			*
	检查高压隔离开关	切换功能正常				*			*			*			*
	检查线路接触器（LC）和电容充电接触器（CCC）的主、辅触头和灭弧罩	线路接触器主触头无发黑，辅助触头动作灵活、接触面正常，灭弧罩内无结瘤、结灰				*			*			*			*
	检查牵引箱内各类接线	接线无松动				*			*			*			*
	清除牵引箱内部积灰	清洁无积灰							*						
	检查高速开关灭弧罩和主触头及接线	无损伤，无积灰，接线无松动							*						

续表 4-2

项目	内容	技术要求	备注	修程 1	修程 2	修程 3	修程 4	修程 5	修程 6	修程 7	修程 8	修程 9	修程 10	修程 11	修程 12
低压箱	检查所有电气元件及连接线	无损伤，接线无松动		*	*	*	*	*	*	*	*	*	*		*
	清洁箱体内部	清洁，无灰尘				*			*			*			*
辅助逆变器箱	检查进出风口	无异物		*	*	*	*	*	*	*	*	*	*	*	*
	清洁箱体	清洁		*			*			*			*		
	内部连接线	无损伤，无松动		*			*			*			*		
	检查、清洁线路接触器和充电接触器的主、辅触头和灭弧罩	线路接触器主触头无发黑，辅助触头动作灵活、接触面正常，灭弧罩内无结瘤、结灰		*			*			*			*		
	清除辅助逆变器箱内部积灰	清洁，无积灰					*								
	检查并清洁通风通道及模块散热部件	清洁，无积灰	吹扫线作业		*										
	检查并清洁冷却风扇	清洁，无积灰	吹扫线作业	*	*										
各类电器箱外观	检查各电气箱连接器	无异常		*	*	*	*	*	*	*	*	*	*	*	*
	检查连接螺栓及悬挂处	无锈蚀，无松动，无损坏，无裂纹，安装牢固		*	*	*	*	*	*	*	*	*	*	*	*
	检查箱盖和盖板的密封性	密封良好		*	*	*	*	*	*	*	*	*	*	*	*
	检查警告标记	标记完好		*	*	*	*	*	*	*	*	*	*	*	*
	检查箱盖锁舌标记及螺栓	无损坏，无松动，标记位置正确		*	*	*	*	*	*	*	*	*	*	*	*
	清洁各类电器箱外部	清洁	吹扫线作业		*										

续表 4-2

项目	内容	技术要求	备注	修程 1	修程 2	修程 3	修程 4	修程 5	修程 6	修程 7	修程 8	修程 9	修程 10	修程 11	修程 12
电缆线夹及接地装置	检查所有电缆、连接	无松动，无绞缠，无磨损		*	*	*	*	*	*	*	*	*	*	*	*
	检查电缆固定夹	无变形，无松动		*	*	*	*	*	*	*	*	*	*	*	*
	检查接地碳刷	无破损，长度（短的一边）不小于 26mm												*	
	检查并清洁滑环接触面及紧固件	无明显擦伤、擦痕和油脂，无积灰												*	
	检查主接地排绝缘护套	绝缘无破损、老化												*	

注：表中＊为检修作业。

表 4-3　转向架检修规程

项目	内容	技术要求	备注	修程 1	修程 2	修程 3	修程 4	修程 5	修程 6	修程 7	修程 8	修程 9	修程 10	修程 11	修程 12
轮对	测量车轮直径	车轮直径应大于 770mm				*			*			*			*
	测量轮对内侧距	内侧距为 1353~1355mm				*			*			*			*
	测量轮缘厚度、高度、QR 值	符合标准要求				*			*			*			*
	检查车轴	轴身应无裂纹、碰伤		*	*	*	*	*	*	*	*	*	*	*	*
	检查车轮注油孔、油塞	油塞无松动、无丢失		*	*	*	*	*	*	*	*	*	*	*	*
	检查车轮踏面	符合标准要求		*	*	*	*	*	*	*	*	*	*	*	*
轴箱	检查轴箱盖螺栓固定	螺栓色标清晰、无松动，无冲击痕迹		*	*	*	*	*	*	*	*	*	*	*	*
	检查轴箱油脂	无泄漏		*	*	*	*	*	*	*	*	*	*	*	*
速度传感器	检查线缆及线缆夹	完好，无遗失，无松动		*	*	*	*	*	*	*	*	*	*	*	*
	检查传感器与车体的接口	无松动		*	*	*	*	*	*	*	*	*	*	*	*
构架	清洁转向架	清洁	吹扫线作业		*										
	检查构架	无锈蚀，无裂纹		*	*	*	*	*	*	*	*	*	*	*	*

续表 4-3

项目	内　容	技术要求	备注	修程 1	修程 2	修程 3	修程 4	修程 5	修程 6	修程 7	修程 8	修程 9	修程 10	修程 11	修程 12
轴箱限位杆	检查轴箱限位杆，端部开口销等部件	无松动，限位杆无弯曲、瘪痕（开口销完好）		*	*	*	*	*	*	*	*	*	*	*	*
一系悬挂	检查转臂与构架连接的橡胶件及转臂组件	橡胶件无明显裂纹，裂纹长度小于 10mm，组件完好、无松动		*	*	*	*	*	*	*	*	*	*	*	*
	检查一系弹簧（盘型弹簧）及其组件	无损坏，无裂纹		*	*	*	*	*	*	*	*	*	*	*	*
二系悬挂	查看空气囊外表有无开裂损坏	橡胶网线层不得外露和损坏		*	*	*	*	*	*	*	*	*	*	*	*
	检查与空气囊接触的金属部分	无粗糙锈斑，无积灰		*	*	*	*	*	*	*	*	*	*	*	*
	检查空气弹簧定位销	定位销无遗失、无脱落		*	*	*	*	*	*	*	*	*	*	*	*
	检查二系悬挂各零部件的紧固状况	螺栓色标清晰、无松动			*	*	*	*	*	*	*	*	*	*	*
	清洁空气囊外表	清洁	吹扫线作业	*	*										
液压减震器	检查液压减震器连接螺栓及渗漏油情况	螺栓色标清晰、无松动，套筒表面无渗油、漏油		*	*	*	*	*	*	*	*	*	*	*	*
	检查液压减震器两端连接套筒	完好			*	*	*	*	*	*	*	*	*	*	*
中央牵引装置	检查中央牵引装置螺栓	保险片无损坏，螺栓色标清晰、无松动		*	*	*	*	*	*	*	*	*	*	*	*
	检查中央牵引橡胶件	无裂纹、剥落			*	*	*	*	*	*	*	*	*	*	*
	复测中心销紧固螺栓紧固力矩	扭矩为 680N·m			*										
	测量横向止挡与中心销的间隙	间隙值标准		*	*			*			*			*	

续表 4-3

项目	内　容	技术要求	备注	修程 1	修程 2	修程 3	修程 4	修程 5	修程 6	修程 7	修程 8	修程 9	修程 10	修程 11	修程 12
齿轮箱及悬挂	检查齿轮箱外壳及分箱面	无严重渗油及泄漏	测量横向止挡与中心销的间隙	*	*	*	*	*	*	*	*	*	*	*	*
	检查齿轮箱紧急止挡及螺栓	紧急止挡无损伤、无裂纹，螺栓色标清晰、无松动		*	*	*	*	*	*	*	*	*	*	*	*
	检查各紧固件	螺栓色标清晰、无松动、无遗失		*	*	*	*	*	*	*	*	*	*	*	*
	复核齿轮箱紧急止挡保护螺栓扭力	无松动，无遗失			*										
	检查齿轮箱与悬挂装置连接螺栓	螺栓色标清晰、无松动、无遗失			*	*									
	检查齿轮箱轴端排油孔	如堵塞，清洁排油孔		*	*	*	*	*	*	*	*	*	*	*	*
	检查油堵吸附铁屑情况	无铁屑													*
	更换齿轮箱油，检查油位	注油量约 5.8L，在上下两油位线之间；更换放油孔及注油孔的铜垫圈													*
联轴节	检查联轴节	无损坏，无漏油，螺栓色标清晰、无松动			*	*	*	*	*	*	*	*	*	*	*
	检查联轴节紧固螺栓	紧固		*	*										
高度阀	检查高度阀安装及连杆上的紧固件	螺栓色标清晰、无松动		*	*	*	*	*	*	*	*	*	*	*	*
	检查高度阀阀体上管路接头的气密性和阀体出气口	管路接头气密性良好；出气口无泄漏、无堵塞		*	*	*	*	*	*	*	*	*	*	*	*
	充气状态下测量检查地板面距轨面的高度	符合要求	零轨作业												*

续表 4-3

项目	内 容	技术要求	备注	修程 1	修程 2	修程 3	修程 4	修程 5	修程 6	修程 7	修程 8	修程 9	修程 10	修程 11	修程 12
转向架上的气管路	检查管路、托架、夹子	完好，无遗失、无松动		*	*	*	*	*	*	*	*	*	*	*	*
	检查管路接头密封	无漏气		*	*	*	*	*	*	*	*	*	*	*	*
垂向及横向止挡	检查垂向、横向止挡间隙及固定	完好，无损伤		*	*	*	*	*	*	*	*	*	*	*	*
	检查横向、垂向止挡缓冲橡胶	无缺损		*	*	*	*	*	*	*	*	*	*	*	*
轮缘润滑装置	检查支架、套筒、弹簧杆、插销	完好，无遗失、无松动		*	*	*	*	*	*	*	*	*	*	*	*
	检查碳块数量	碳块数量补齐至 4 块		*	*	*	*	*	*	*	*	*	*	*	*
	检查调整支架与踏面间隙					*									

注：表中 * 为检修作业。

表 4-4 制动系统检修规程

项目	内 容	技术要求	备注	修程 1	修程 2	修程 3	修程 4	修程 5	修程 6	修程 7	修程 8	修程 9	修程 10	修程 11	修程 12
空压机单元及空气干燥器	检查空压机、空气干燥器外观及紧固件	外观良好，紧固件无松动，空压机悬挂钢丝吊绳无严重变形		*	*	*	*	*	*	*	*	*	*	*	*
	检查压缩机油位	在刻度范围 1/2~2/3		*	*	*	*	*	*	*	*	*	*	*	*
	检查空压机工作状态	无异常		*	*	*	*	*	*	*	*	*	*	*	*
	清洁空压机外壳	无积灰			*		*								
	检查空压机启动压力机顺序	正常							*						
	检查排泄口	排水、排气正常，出口无异物	如有白色沉淀物产生，更换干燥器	*	*	*	*	*	*	*	*	*	*	*	*
	更换空压机油	油位在刻度范围 1/2~2/3											*		
	更换纸质过滤器	安装新的纸质过滤器											*		

续表 4-4

项目	内容	技术要求	备注	修程1	修程2	修程3	修程4	修程5	修程6	修程7	修程8	修程9	修程10	修程11	修程12
各类气管及阀类	检查各类气管	无泄漏		*	*	*	*	*	*	*	*	*	*	*	*
	检查可见阀门	完好无泄漏，阀门开关灵活、位置正确		*	*	*	*	*	*	*	*	*	*	*	*
总风缸安全阀	检查总风缸安全阀	排气功能正常		*			*			*			*		
软管与接口	检查软管与接口	软管无老化，接口无泄漏		*	*	*	*	*	*	*	*	*	*	*	*
风缸	检查外观及固定	外观无损坏，无泄漏，紧固件无松动		*	*	*	*	*	*	*	*	*	*	*	*
单元制动机	检查橡皮保护套及其螺栓	无异常		*	*	*	*	*	*	*	*	*	*	*	*
	检查管路及紧固件	无漏气，紧固件无松动，色标清晰		*	*	*	*	*	*	*	*	*	*	*	*
	检查闸瓦扦、保护销及保护钢丝绳	无脱落，无损坏		*	*	*	*	*	*	*	*	*	*	*	*
	检查闸瓦厚度	闸瓦靠近轮缘的内侧最薄处，包括闸瓦背板，厚度小于 13mm 的更换		*	*	*	*	*	*	*	*	*	*	*	*
	检查闸瓦复位弹簧	无异常		*	*	*	*	*	*	*	*	*	*	*	*
	检查闸瓦托	无异常		*	*	*	*	*	*	*	*	*	*	*	*
	检查闸瓦间隙	闸瓦间隙为 12mm					*						*		
	检查停放制动释放拉销	无遗失，无断裂					*			*			*		
	检查单元制动机的固定螺栓	螺栓色标清晰、无松动					*	*	*	*	*	*	*	*	*
	检查停放制动功能	功能正常（包括人工缓解）											*		
EBCU 轮径	EBCU 轮径校核	轮径值输入正确				*			*			*			*

注：表中 * 为检修作业。

5 城市轨道交通车辆架修

电客车在运行里程50万~60万公里或运营时间5年时，按照设备的维护周期，一般需要进入架修修程。架修的周期和备件的准备、部件试验的安排紧密程度等密切相关。架修一般分为无电状态下的拆解检修和有电状态下的检修及动态调试。

根据系统和部件位置，架修修程可以分为车上电气检修、车下电气检修、制动系统检修、转向架检修、车钩检修、贯通道检修、空调系统检修、车门系统检修、车体及内装检修、静态调试和动态调试11个方面。

根据费用消耗，检修能力、设备条件等相关因素，列车某些部件的检修可安排委外专业公司完成。

5.1 车上电气设备检修

5.1.1 司机室电气检修

司机室电气检修主要为对司机台台面各显示屏、按钮或开关，司机室空调、电气柜及电加热等设备的检修。

(1) 司控器的检修。

1) 拆卸司控器，用软布和酒精清洁。

2) 检查接线，无破损。

3) 检查方向手柄、凸轮，无严重磨损、损伤等情况，更换微动开关。

4) 使用适量的润滑油对齿轮注油润滑。

5) 在试验台上进行试验。

(2) 司机台设备的检修。

1) 将各开关、按钮拆下并清洁，保证外观清洁。

2) 检查接线，对使用频率高的开关和按钮进行更换，如门选开关、开关门按钮等。

3) 检查TCMS屏、无线电台屏、TOD屏、PIS屏，用毛刷清洁，检查连接器，插头、插座良好，连接电缆无损坏，接线紧固。

(3) 电气柜的检修。

1) 清洁电气柜。

2) 检查和清洁端子排、按钮、开关等，要求设备干净、无卡滞、损坏，接线紧固。

3) 根据使用情况，可以对故障率高的继电器等设备进行换新处理。

4) 拆卸网压表，对其进行计量，安装合格的表。

(4) 司机室灯的检修。

司机室灯包括司机室照明灯、前大灯、行车灯及信号灯。

1）拆卸下司机室照明灯，检查灯具的接线，要求线路连接牢固。

2）对司机室的前大灯进行更换，安装时要求安装牢固，密封胶条密封良好。

3）拆卸司机室信号灯、行车灯，对灯座的接线检查，线路良好，灯外壳密封良好。

5.1.2　客室电气设备检修

客室电气设备包括客室电热、电气柜、空调柜、列广和照明系统检修。

（1）客室电热的检修。

1）用软布和毛刷清洁电热器、电热管及罩板表面。

2）检修电热器的接线情况，线路无破损，对接线紧固。

3）安装电热器罩板并紧固。若电热器罩板由四角锁锁闭，要求锁闭良好。

（2）电气柜和空调柜的检修。

1）清洁电气柜和空调柜。清洁检查所有的端子排、接线柱、继电器、断路器，要求线号清晰，线路无破损，断路器动作灵活，接线紧固。

2）在电气试验台抽样，对使用频率高的继电器进行电气测试。

3）清洁柜门锁，紧固螺栓，锁具功能良好。

（3）列广系统的检修。

1）用抹布、吸尘器对列广机箱、模块安装座等进行清洁。

2）用吸尘器清洁列广板卡的积尘。

3）检查各位置的固定螺栓、螺母、接线情况，要求各处紧固，防松标记清晰。

4）用软布清洁扬声器、电气地图、LED 等，要求设备清洁；检查接线，接线紧固。

5）拆卸 LCD，清洁背板及控制板卡，检查线路，接线无松动。

（4）照明系统的检修。

1）拆卸客室照明灯罩，清洁灯罩。

2）检修客室灯的线路，无破损，灯座安装牢固，对整流器、逆变器等进行紧固处理。

5.2　车下电气设备检修

车下电气设备包括牵引系统、辅助供电系统、列车管理系统等系统的设备。

5.2.1　牵引系统的检修

牵引系统的检修包括如下内容：

（1）主隔离开关箱的检修。

1）清洁并检查箱体和盖板，盖板外观良好，锁闭功能正常；更换箱体密封胶条。

2）用压缩空气清洁箱体外部和内部。

3）检查刀开关，要求触刀接触面积达到 80%，清洁表面污垢。

4）检查绝缘木，清洁表面。

5）检查线路，要求线路外观良好，紧固良好。

（2）制动电阻箱的检修。

1）检查电阻片，要求电阻片无过热痕迹、无变形。

2）清洁并检查绝缘子，要求无裂纹。

3）检查安装螺栓、螺母，要求无松动，防松线清晰。

4）测量电阻值，并进行绝缘测试。

（3）主熔断器箱的检修。

1）检查熔断器，要求外观良好。

2）检查箱体接线，要求外观良好，接线紧固。

3）检查安装螺栓、螺母，要求无松动，防松线清晰。

（4）接地开关箱的检修。

1）检查操作刀，要求接触面积满足要求，紧固力度满足要求。

2）检查箱体接线，要求外观良好，接线紧固。

3）检查安装螺栓、螺母，要求无松动，防松线清晰。

（5）避雷器的检修。

1）检查避雷器，应外观良好；清洁避雷器底座、端盖和瓷瓶。

2）测量对地绝缘阻值。

3）检查安装螺栓、螺母，要求无松动，防松线清晰。

（6）母线高速断路器的检修。

1）检查箱体和盖板，盖板锁功能良好，密封胶胶条存在 2cm 的裂纹时进行更换。

2）检查线缆和接线，无损伤、老化。

3）拆除灭弧罩，检查弧角。弧角厚度为 $3_{-1.5}^{\ 0}$mm，无任何拉弧引起的击穿和损伤。

4）检查触头，无烧损、无结瘤、无明显氧化，触头间距为 $14_{\ 0}^{+3}$mm，触头允许最大损耗为 1.5mm（单侧）。

5）检查并测量电磁线圈的阻值，线圈阻值为（9.25±8%）Ω（20℃时），无短路和断路。

6）在试验台上进行测试。

（7）应急通风的检修。

1）检查箱体和盖板，盖板锁功能良好，密封胶胶条存在 2cm 的裂纹时进行更换。

2）检查箱体内部配线、铜排、母排表面、绝缘安装面、绝缘端子和绝缘柱，应无褪色、裂纹、变色、开裂、损坏、起皮或脱层。

5.2.2 辅助供电系统的检修

辅助供电系统的检修包括如下内容：

（1）SIV 箱体的检修。

1）检查并清洁箱体和盖板。盖板无损坏和变形，锁闭功能良好；更换密封胶条；插头或接线无腐蚀或污垢。

2）检查逆变器外部插接件。清洁、无积尘、无严重烧黑、插头接触良好、锁口紧固。

3）检查并测量电阻。表面无变色、开裂、损坏、起皮或脱层等现象，检查电阻接线端子紧固良好，连接线紧固良好；电阻值标准。

4）检查并测量电容。电容接线端子的紧固良好，电容值满足标准。

5）检查控制单元、印刷电路板、安装螺母、接线端子、插头，应无缺陷、无松动、无褪色、无损坏、安装正常、连接良好。

6）检查电压电流传感器，应无损伤、褪色、开裂等现象，安装良好。

7）检查清洁 HK 装置并打磨 HK 触点。主、辅触点无烧焦痕迹，安装状态完好，无松动，按压动作正常。

8）更换 SIV 用电池。

（2）变压器箱的检修。

1）检查箱体和盖板，盖板锁功能良好，密封胶胶条存在 2cm 的裂纹时进行更换。

2）检查变压器接线端子和电缆，应无变形、无老化、无褪色、无松动、无高压闪络现象、无缺陷、无损坏。

3）检查并清洁变压器 TR1、TR2 和电抗器。

4）按压操作检查 SIVK 接触器。

（3）拖车接地开关箱的检修。

1）检查接线端子和电缆，应无开裂、损坏或脱落，无异味，紧固良好。

2）检查刀开关的紧固情况。

（4）HB/IVHB 箱的检修。

1）检查安装支架和连接器，要求安装和接线良好、无松动、无变形。

2）拆除灭弧罩，检查弧角，弧角厚度为 $3_{-1.5}^{0}$mm，无任何拉弧引起的击穿和损伤。

3）检查触头间距，应为 14_{0}^{+3}mm，触头允许最大损耗为 1.5mm（单侧）。

4）检查并测量电感线圈的阻值，应满足要求。

5）在试验台上进行功能测试。

（5）EXB 扩展供电箱的检修。

1）检查安装支架和连接器，要求安装和接线良好，无松动，无变形。

2）检查箱盖以及门锁，要求无损坏、锁闭正常、密封橡胶弹性正常。

3）检查箱体内部电缆、接线、铜排、母排、绝缘材料、安装绝缘板。

4）按压操作检查 RFK 接触器机械动作性能。

（6）辅助隔离开关箱的检修。

1）盖板无损坏和变形，锁闭功能良好；更换密封胶条；插头或接线无腐蚀或污垢。

2）支架无损伤，接地线良好，无开裂、损坏或脱落。

3）检查操作刀开关接触面积，清除表面污垢。

4）检查闸刀开关的紧固情况。

5）检查熔断器，要求安装良好、保险正常。

（7）车间电源箱的检修。

1）锁闭功能良好；更换密封胶条；插头或接线无腐蚀或污垢。

2）支架无损伤，接地线良好，无开裂、损坏或脱落。

3）检查操作刀开关接触面积，清除表面污垢。

4）检查闸刀开关的紧固情况。

5）绝缘电阻测量。

（8）滤波电抗器的检修。

1）拆卸滤波电抗器，检查电抗器安装、进出线和接地线。

2）打开盖板，检查箱体内部的电抗器，用风枪吹扫电抗器线圈，吹扫完成后用清洗剂清洁电抗器线圈，清洗完成后使电抗器线圈风干。

3）绝缘测试，要求绝缘等级不小于100MΩ。

（9）牵引逆变器的检修。

1）盖板无损坏和变形，锁闭功能良好；更换密封胶条；插头或接线无腐蚀或污垢。

2）检查并清洁接线插头、电缆、散热片。

3）检查并测量电阻，包括充电电阻、放电电阻、支撑电阻。

4）检查并测量电容。

5）检查 VVVF 门控单元、连接器、电源单元。

6）清洁并检查灭弧罩。

7）检查 LB 接触器基座，更换 LB 触头。

8）检查并打磨 CHB 触点，操作动作应灵活。

9）检查电压电流传感器。

（10）TCMS 本地单元和中央单元的检修。

1）盖板无损坏和变形，锁闭功能良好；密封胶条存在 2mm 裂纹时更换；插头或接线无腐蚀或污垢。

2）检查并清洁印刷电路板。

3）更换存储器备用电池。

5.3 车间连线及车下走线的检修

车间连线及车下走线的检修包括如下内容：

（1）车间连线的检修。车间连线为车辆与车辆之间的线缆，包括四芯、辅助母线、108 芯接线及 PIS 视频线缆等。具体检修内容如下：

1）检查并清洁连接器插头、插座、接线箱等整体，要求无老化、开裂等。

2）检查触点和接触面，并用酒精清洁，要求无氧化、拉弧现象。

3）打开线缆车端插头，用毛刷清洁，要求无灰尘。

4）更换插头的密封圈。

5）检查线间隔卡，更换胶皮，并重新扎带扎紧，螺栓紧固到位，防松线清晰。

6）插头安装到位，用密封胶密封接线箱，螺栓紧固，防松线清晰。

（2）车下走线的检修。车下走线包括车下线槽、线管及其引出线、分线箱的检查。具体检修内容如下：

1）线缆外观良好，无破碎、划痕。

2）检查线路接口处螺栓紧固，线缆无磨损。

3）各线缆线卡子紧固到位，更换胶皮。

（3）接地装置的检修。接地装置包括齿轮箱接地装置和轴箱接地装置，检修时对二者均需要进行查看。具体检修内容如下：

1）拆卸密封端盖，检查接地回流电刷。对于轴箱端盖，需要更换密封垫。

2）测量碳刷的厚度，对厚度不大于28mm的进行更换，对磨耗不均的用砂纸打磨。

3）清洁箱体内的灰尘。

（4）蓄电池的检修。蓄电池的检修包括对单体的检测等基础数据的测量以及箱体的检修等。具体检修内容如下：

1）基础数据测量。

①测量和记录单体的开路电压。

②测量电池组的电压。

③测量单体电解液的密度。

2）箱体检修。

①检修箱体外观和吊挂情况，要求外观良好，吊挂无松动。

②更换箱体的密封胶条。

③更换单向阀。

④检查连接片、极柱、垫片，用规定力矩紧固螺栓。

⑤检修箱体内配线，要求配线外观良好，无划伤或破损。

（5）牵引电机的检修。牵引电机的检修包括电机的拆卸、分解、部件检查、组装和试验。

1）牵引电机的检修前检查。

①各项检查部位无伤痕、锈迹和变形。

②用欧姆表测量绝缘电阻，阻值大于1MΩ。

③耐压试验：AC2100V，施加1min电机正常。

2）牵引电机分解与检修。牵引电机的分解包括速度传感器的拆卸、定子与转子的分解，转子轴承部件的分解。分解过程中注意避免部件的磕碰。分解后对各部件分别进行检修。

3）牵引电机定子/转子检修。

①用压缩空气对定子/转子除尘，要求定子/转子无明显灰尘。

②用清洗剂对定子外壳进行清洗。

③用煤油清洁转子转轴，转轴表面无锈迹、无污物。

④检查定子/转子涂层，若检查发现存在涂层脱落现象，对涂层脱落位置进行补漆。

4）牵引电机轴承部件检修。电机轴承的检修需要将轴承分解，清洗后加注润滑脂，重新组装，并进行加热处理。采用UNIMAX R No. 2润滑脂。根据轴承形式不同，加入的润滑脂量不一样。润滑脂添加完成后注意防尘。

5）牵引电机的组装。组装牵引电机时，首先进行轴承与转子的组装，然后进行转子与定子的组装，最后安装速度传感器。组装过程中注意组装过程平稳，避免部件磕碰，组装螺栓按要求紧固并打防松线。

6）牵引电机组装后的检查与试验。牵引电机组装后需要进行绝缘电阻测试、耐压试验、空转试验。各项试验均满足标准后方可装车使用。

5.4 车下制动系统检修

车下制动系统的检修作业包括制动部件的拆卸、清洁、试验与安装。部件的试验包含供风单元、制动缸、阀件、空气弹簧试验等。

(1) 风源系统检修。风源系统检修包含对空压机、安全阀、双塔干燥器的检修。

1) 空压机。空压机的检修包括空压机组分解、清洁、润滑、组装和试验等。

①分解空压机组，对电机和压缩机分别检修。

②清洁冷却器翅片。

③更换空气滤清器滤芯和油滤芯。

④更换安全阀。

⑤组装空压机，对掉漆部位补漆。

⑥在空压机试验台，对空压机供风能力、出风口温度、转速等进行检测。

2) 安全阀。更换总风安全阀。

3) 干燥器。

①分解干燥器，检查弹簧、止回阀等是否良好，特别是双活塞阀进行重点检查。

②更换干燥剂，更换密封圈等。

③组装并进行功能测试，干燥与再生转换周期为 2min。

④对掉漆部位补漆。

(2) 基础制动装置（见图 5-1）检修。

1) 清洁制动缸。

2) 分解制动缸，更换制动缸颈圈、密封圈等，添加润滑脂。

3) 清洁皮腔，检查其外观良好，应无裂纹、破损。

4) 在试验台对制动缸进行制动力和空气气密性等测试。

(3) 阀、压力开关等检修。

1) 将防滑阀、止回阀、压差阀等从车上拆下。

2) 清洁各阀体，检查阀外观是否良好。

3) 在试验台按照相应的规程进行测试。

(4) 过滤器检修。

1) 将过滤器从控制箱中拆下，清洁过滤器阀体。

2) 用压缩空气清洁过滤器滤网，要求滤网干净、无明显可见杂质。

3) 更换密封圈，重新安装过滤器。

(5) 速度传感器检修。

1) 将速度传感器从车体上拆下。

2) 在测试台对速度传感器电阻、输出波形等测试。

(6) 高度阀检修。

1) 将高度阀从车体上拆下。

2) 清洁阀体，将阀分解，清洁滤网，检查凸轮等尼龙件的磨损情况。

3) 组装高度阀，添加润滑脂。

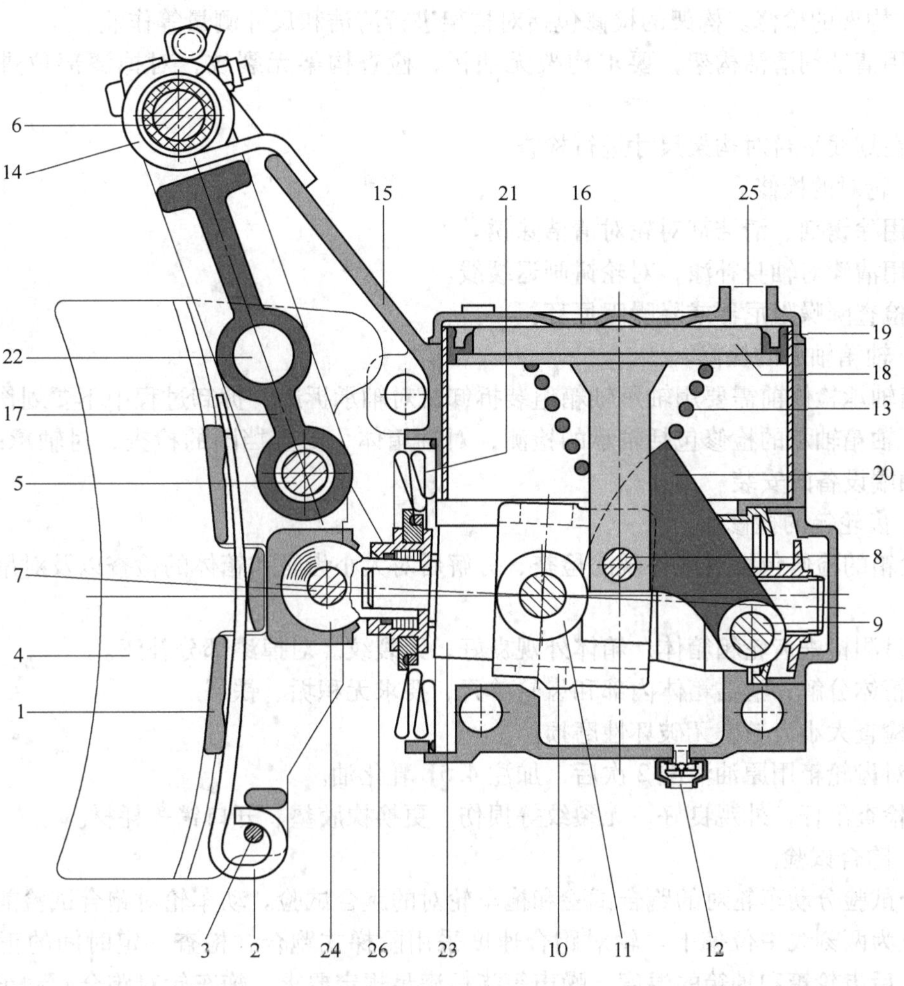

图 5-1　基础制动装置

1—制动蹄片；2—楔式制动块；3—楔形门；4—制动闸瓦；5—连接销；6—吊耳螺杆；7—销钉；8—活塞销；9—轴承销；10—止推环；11—凸轮滚柱；12—通气塞；13—活塞回位弹簧；14—扭转弹簧；15—外罩；16—气缸盖；17—吊耳；18—活塞；19—活塞垫圈；20—凸轮盘；21—波纹管；22—摩擦件；23—调节机构；24—连杆头；25—压缩空气接口（用于常用制动器气缸）；26—复位六角头

4）在试验台测试高度阀的充排风、死区角度等。

5.5　转向架检修

转向架主要包括整体落架和转向架的分解、检修。

整体落架为将转向架与车体分离，落架前需要拆除与车体相连的设备，如中心销分解，安全钢索、高度调整杆、管路以及接地线的拆卸。拆卸过程中注意对管路等做好防护，将线缆等捆扎好，对部件归类存放，做好相应的标记。

转向架的分解为将安装在转向架上的部件拆除，同时将转向架构架与轮对分离。如拆卸空气弹簧、牵引电机、制动缸、减振器、一系簧等。转向架分解后对部件进行专项检修。

（1）构架的检修。构架的检修包括对构架进行清洁和尺寸测量等作业。

1）用清洗剂清洁构架，要求构架无油污，检查构架无裂纹，对掉漆部位进行补漆作业。

2）在划线平台对构架尺寸进行检查。

（2）轮对的检修。

1）用除锈剂、清洁剂对轮对清洁除锈。

2）用清漆对轴身补漆，对轮饼画迟缓线。

3）检查降噪阻尼器或降噪阻尼环。

（3）轴箱轴承的检修。

轴箱轴承检修前需要用轴承轴箱组装拆卸机对轴承拆卸，拆卸过程中不要划伤轴承及轴承座。轴箱轴承的检修包括轴承的检测，对轴箱体、防尘挡圈的检查，对轴承的选配、压装及轴端设备的安装。

（4）齿轮箱的检修。

齿轮箱的检修包括对其外观的检查、分解后对大小齿轮和箱体的检查以及对吊杆等的检查。

1）目测检查齿轮箱箱体，箱体外观良好，无裂纹。对掉漆部分补漆。

2）箱体分解，清洁箱体内部和齿轮单元，要求无积垢、铁屑。

3）检查大小齿轮，无破坏性磨损。

4）对齿轮箱用原油清洗 2 次后，加注 4.5L 乳化油。

5）检查吊杆，外观良好，无裂纹等损伤。更换橡胶垫、开口销等耗材。

（5）跑合试验。

跑合试验分动车轮对的跑合试验和拖车轮对的跑合试验。动车轮对跑合试验前确认齿轮箱油位为两刻线中位偏上。轮对跑合速度采用阶梯式跑合，检查一定时间的正转和反转，跑合后齿轮箱和轴箱的温度、噪声等指标满足规定要求。拖车轮对跑合同动车轮对的跑合，根据要求确定跑合的速度、时间等参数。跑合过程中检查轴箱轴承是否存在噪声等，跑合后检查轴箱有无问题。

（6）一系悬挂装置的检修。

1）一系簧选配时，符合标准。要求动车、拖车不能混用；同一转向架上不允许新、旧簧混用。

2）新一系簧使用时，落车后根据要求测量一系高度，保证高度满足使用要求。

（7）牵引装置的检修。牵引装置的检查包括对横向止挡、牵引拉杆、液压减震器和牵引梁的检修作用。

1）检查横向止挡，止挡无老化、变形。校核止挡螺栓紧固力矩。

2）清洁牵引拉杆，拉杆无变形，对掉漆部位补漆。检查橡胶关节无过压、裂纹。

3）横向液压减振器外观良好，清洁无油污、漏油等。测试减振器性能，在规定速度下拉伸阻尼和压缩阻尼满足标准。

4）牵引梁无变形、无裂纹，对掉漆部位补漆。

（8）静载试验。静载试验台对系统进行静载试验测量，内容包括：

1）系统自动测量轮对内侧距、轴距、轴到空气弹簧中心距、空气弹簧高度。

2）手动测量一系弹簧高度、联轴节偏移量。

3）计算轮重差与轴重差。

4）对空气弹簧及单元制动装置进行保压试验。

5.6 空调系统检修

空调系统包括压缩机、冷凝器、蒸发器、滤网、管路等位置的检修。

（1）机组清洁检修。

1）清洁并检查机组外壳，新、回风挡板，送风口，回风口，排水孔和支撑杆。

2）拆洗新风过滤网，清洁回风滤尘网，过滤网应清洁无破损，破损时需更换。

3）清洁蒸发器、冷凝器，矫正变形翅片，要求翅片无变形，片距保持均匀一致。

（2）压缩机检修。

1）压缩机表面清洁无尘土、无油污、无划伤及掉漆，安装牢固、防松线清晰。

2）隔热材料和密封条无缺欠、破损、老化，性能良好。

3）吸入口连接管及接线无破损。

（3）冷凝风机检修。

1）风机安装固定良好、无破损、防松线清晰。

2）叶片清洁无积垢、无变形、无锈蚀，转动良好无异响、无卡滞。

（4）通风机检修。

1）风机安装固定良好、无破损、防松线清晰，外壳清洁。

2）用压缩空气清洁内部，无积垢、无变形、无锈蚀，转动良好无异响、无卡滞。

（5）清洁并检查管路、干燥过滤器、逆止阀、高低压压力开关、气液分离器、温度传感器、容量控制阀、旁通电磁阀、液管电磁阀、保温套管，要求清洁无积垢、无破损；保温套管包裹良好，紧固良好，无缺损、老化，性能良好。

（6）清洁软风道，对外形进行矫正，更换密封胶条。

（7）检查电气连线、连接器插座及接头清洁。

（8）空调机组功能测试。

1）新风、回风阀伺服电机机械动作灵活，起停正常。

2）压缩机氟量正常，压缩机、通风机、冷凝风机三相偏差不大于10%，实际制冷量与名义制冷量比值大于90%，试验结果合格。

3）风机运转时无异响。

（9）回装后机组减振器与机组安装座之间有间隙时，应插入调整板，保证空调机组处于水平状态；严禁强迫紧固；减振器损坏时须更换。

（10）车辆静调时，对空调机组进行通电检查。

1）车辆静调时进行通电检查，空调机组通风功能、制冷功能（夏季）正常，风机运转时无异响，TMS 显示空调功能正常。

2）用硬纸板检查客室回风功能，纸板可以被吸附到回风口。

3）空调集中控制和单车控制功能正常，温度设定值正确。

4）司机室送风机安装牢固，功能正常。

5）车厢内部无漏水现象。

5.7 动态调试

动态调试包括牵引测试、制动测试、电气测试、空调测试、应急牵引测试、旁路试验、后退试验、车场限速等。

（1）牵引试验。牵引试验分低速牵引检查列车各系统、牵引特性性能测试、牵引加速度测试等。

1）列车低速，查看电机转向正确。

2）在两个方向上分别进行60km/h最大牵引运行，列车运行正常。

3）进行牵引力减小和断续牵引试验，列车运行正常。

4）在两个方向上分别进行最大牵引列车速度至40km/h、80km/h，列车的加速度符合要求。

（2）制动系统调试。制动系统动态调试分为低速制动、最大常用制动、快速制动、紧急制动等，要求制动过程中列车运行正常，减速度、制动距离满足要求。

1）在两头分别进行列车牵引至40km/h时B100、B10制动。

2）牵引列车速度至40km/h、60km/h、80km/h时，分别在两司机室进行最大常用制动、快速制动、紧急制动测试，每个速度等级和制动模式试验3次，制动距离、减速度满足标准。

3）牵引列车至20km/h时，B10制动，观察和记录列车电制动退出时列车速度值。

（3）非正常逻辑测试。对列车功能项目逻辑测试，要求各测试项目满足要求。如列车速度大于5km/h时，进行开门操作，要求车门无法打开。

（4）测试旁路功能。对影响牵引环路建立的开关或继电器等进行模拟故障，启用对应的旁路开关，列车牵引回路能够正常建立。

（5）高加速试验。按下高加速按钮，列车高加速行驶。

（6）车场限速。按下车场限速按钮，列车以最高速度25km/h运行。

（7）列车后退试验。将列车方向手柄置于后退，列车以最高速度5km/h后退。

（8）洗车模式。将洗车模式按钮按下，列车以最高速度3km/h运行。

6 城市轨道交通车辆检修设备

6.1 概　　述

据不完全统计，城市轨道交通车辆段与综合基地设置的工艺设备有 400~600 项，累计 1000~1380 台（套、辆、组），总投资为 1 亿~2.5 亿元。车辆段与综合基地主要设备见表 6-1，其中车辆段工艺设备主要有数控不落轮机床、列车自动清洗机、架车及转轨设备、内燃机车、起重运输设备、电源设备、专用工艺装备、机电检修检测设备、仪器仪表电器/电子检测设备、通用机电设备、清洗设备、转向架检修/检测设备以及救援设备等。

表 6-1　车辆段主要车辆检修工艺设备

<table>
<tr><th colspan="2">序号</th><th colspan="2">设备类型</th><th>设 备 名 称</th></tr>
<tr><td rowspan="21">车辆段工艺设备</td><td>1</td><td colspan="2">数控不落轮机床</td><td>数控不落轮机床、遥控公铁两用车</td></tr>
<tr><td>2</td><td colspan="2">列车自动清洗机</td><td>列车自动清洗机</td></tr>
<tr><td>3</td><td colspan="2">架车及转轨设备</td><td>地下固定式架车机、移动式架车机、浅坑移车台、公铁两用车</td></tr>
<tr><td>4</td><td colspan="2">内燃机车</td><td>内燃调车机车</td></tr>
<tr><td rowspan="3">5</td><td rowspan="3">起重运输设备</td><td>起重机</td><td>电动双梁桥式机、电动单梁桥式机、电动单梁悬挂式起重机伸缩臂悬挂式吊车</td></tr>
<tr><td>汽车</td><td>救援指挥车、工程救援车、救援设备集成箱货车、工具汽车、载货汽车、大客车、轿车</td></tr>
<tr><td>叉车、搬运车</td><td>蓄电池叉车、蓄电池搬运车、手动液压搬运车</td></tr>
<tr><td rowspan="3">6</td><td rowspan="3">电源设备</td><td>静调、周月检电源设备</td><td>静调、周检、月检电源设备</td></tr>
<tr><td>充放电设备</td><td>充电机、放电机、充放电机配套设备</td></tr>
<tr><td>稳压电源</td><td>直流稳压电源、交流稳压电源</td></tr>
<tr><td>7</td><td colspan="2">专用工艺装备</td><td>车辆轮廓限界检测装置、线路设备限界检测装置、工艺转向架、转向架提升台、移动式液压升降平台、移动式车钩架托机、转向架转盘、轮对转盘、移动式作业平台、移动式车体支座、单柱式校正液压机、吊具（转向架、空调、受电弓）</td></tr>
<tr><td rowspan="6">8</td><td rowspan="6">机电检修检测设备</td><td>车门检修测试装置</td><td>车门密封条检修台、可移动式车门测试装置</td></tr>
<tr><td>受电弓检修测试装置</td><td>受电弓检修试验台、便携式受电弓测试仪</td></tr>
<tr><td>空调检修测试装置</td><td>可移动式车辆空调测试装置、空调冷媒充放装置、空调机清洗槽</td></tr>
<tr><td>气制动设备检修测试装置</td><td>空压机试验台、单元制动装置综合试验台、固定式单阀试验台、可移动式制动装置测试设备</td></tr>
<tr><td>电机检修测试装置</td><td>电机检修试验装置、牵引电机空载试验装置</td></tr>
<tr><td>逆变器试验装置</td><td>可移动式 VVVF 试验装置、可移动式 SIV 试验装置</td></tr>
</table>

续表 6-1

序号		设备类型		设 备 名 称
车辆段工艺设备	9	仪器仪表及电器/电子检测设备	仪器仪表	静调仪器仪表、月检库检测设备、接地兆欧表、示波器、单双臂两用电桥
			电器/电子检测装置	速度表及传感器试验台、压力表及传感器试验台、转速传感器试验台、电量传感器试验台、仪表检测及试验设备、主断路器试验装置、电器开关元件综合试验台、驾驶员控制器试验台、电子检修综合试验台、移动式耐压试验台、电热鼓风干燥箱、电热干燥箱
	10	通用机电设备	空压机	固定式空压机、移动式空压机
			金属机床设备	车床、铣床、刨床、摇臂钻床、立式钻床、磨床、带锯床、弓锯床、剪板机
			电气焊设备	电焊机、气焊/气割设备、焊接配套设备
			钳工设备	台式钻床、除尘式砂轮机、划线平台、压装设备、电动套丝机、弯管机
			通用机械	管道机械、磅秤、台秤、液压千斤顶、吸尘器、排风扇、升降梯
	11	清洗设备		车下吹扫设备、高压喷射清洗机、构架清洗机、轮对清洗机、轴箱清洗机、轴承清洗机、超声波清洗机
	12	转向架检修/检测设备	探伤设备	构架探伤设备、轮对探伤设备、轴承探伤设备
			拆装、压装设备	轴箱拆装机、轴箱压装机、退轮高压油装置、轮对压装机
			检测设备	构架检测平台及专用工装、转向架静载试验机、轴承检测仪器设备、轴承检测平台、轴箱检测平台、轮对跑合试验台、轮对动平衡机
			机加工设备	数控轮对车床、数控立式车床、数控车轴车床
			组装设备	构架翻转机
			油漆设备	构架喷漆装置、漆雾净化装置
	13	救援设备		车辆复位救援设备、扶正装置、牵引装置、气垫、剪扩钳、车轴推进器、轮对故障行走小车、轨道运输小车、发电及照明设备、人员防护装备、救援辅助设备
综合维修基地主要工艺设备	14	接触网设备	接触网作业车	接触网检修车、架线车、放线车
			接触网检测车	接触网检测车（可以和接触网检修车或轨道检测车组合）
	15	工务设备	轻型轨道车	轻型轨道车
			轨道平板（吊）车	轨道平板车、平板吊车、轻型轨道平板车
			轨道打磨车	轨道打磨车
			轨道检测车	网轨检测车
			钢轨机械	锯轨机、焊轨机、弯轨机、钻孔机、液压拉轨器、轨缝调整器、钢轨涂油器
			道床机械	捣固机、起道机、拔道机、铁道螺钉电扳手、电镐、液压方枕器
			工务仪器及探伤	钢轨探伤仪、焊缝探伤仪、轨距水平测量仪、经纬仪、水准仪

续表 6-1

序号		设备类型		设 备 名 称
物资总库主要设备	16	仓储设备		立体仓储设备、普通可调式工业货架
培训设备	17	计算机及培训设备	计算机	台式电脑、笔记本电脑、移动硬盘、打印机、复印机、传真机、扫描仪
			电教设备	固定投影机、便携投影机、数字展示台、电动屏幕、移动屏幕、DVD 影碟机、彩色电视机、功率放大器、音箱、多媒体控制台、中央控制系统、无线手持话筒、会议专用话筒、DVD 光盘刻录机、红外线笔、录音笔、摄像机、数码相机
			教具模型挂图	驾驶员模拟驾驶器、受电弓演示器、动车转向架模型、拖车转向架模型、牵引电机模型、牵引逆变器模型、辅助逆变器模型、高压电路模型、牵引电路模型、自动列车防护（ATP）系统演示模型、自动列车驾驶（ATO）系统演示模型、自动列车监督（ATS）系统演示模型、微机联锁（CBI）系统演示模型、转辙机演示器、气制动演示器、气制动系统原理模型、自动车钩模型、半自动车钩模型、永久性牵引杆模型、车钩缓冲原理演示器、列车空调机模型、车门控制传动系统演示模型、屏蔽门（PSD）控制传动系统演示模型、自动检票机控制模型、传动系统演示模型、扶梯传动原理模型、其他教具/模型/挂图

6.2 检修基地设备

本节只对城市轨道交通车辆检修基地使用的部分设备的功能、结构和技术参数进行简单介绍，如不落轮镟床、固定式架车机、移动式架车机、列车自动清洗机、转向架静载试验台、轮对检测系统、钩缓拆装小车等。

6.2.1 不落轮镟床

数控不落轮镟床是用于对车轮进行镟修的自动化设备。该设备一般采用单元结构模块化设计，技术成熟可靠，结构简单，便于镟床的安装和维护。镟床采用整体床身结构，主机可一次安装到位，安装精度高，安装方便。

镟床具有足够的刚度，能满负荷平稳运行，且寿命周期内不产生变形。镟床的刀架水平及垂直运动导轨、抬起定心装置直线滑轨均采用无污染手动润滑。

镟床横向压紧轮能满足地铁列车最小轮径（770mm）和工程车辆最小轮径（500mm）的加工要求。侧压轮方便润滑，转动阻力可调，侧压轮缩回时不得与列车的任何部件发生任何原因的干涉。侧压轮在轮对内侧的压紧位置可以沿车轮径向调整。镟床的数控系统具有自我诊断功能，能显示 PLC 的所有 I/O 点的状态和数值，具有远程诊断的功能。

6.2.1.1 主要运行参数

在每次切削两刀（全轮廓车削）的情况下，每班（8h 工作，利用率 85%）加工量不小于 12 个轮对。加工时间根据表 6-2 的技术条件进行计算。

表 6-2 技术条件

参　数	单　位	数　据
踏面直径	mm	840
轮宽	mm	135+3
材料抗拉强度	N/mm^2	900
轮对重量	kN	1. 150
切削速度（初切）	m/min	75
切削速度（终切）	m/min	80
平均进给量	mm/r	1

6.2.1.2 主要功能

（1）车轮踏面、轮缘及轮辋表面的镟修加工功能。机床的两个数控刀架在数控程序的控制下，可自动完成车轮踏面、轮缘及轮辋表面的镟修加工，也可以镟修单个转向架和单个轮对上的车轮。轮对加工采用全轮廓切削，加工步骤设定为：加工前测量—初切削—中间测量—终切削—加工后测量。

（2）车轮直径自动测量功能和轮廓磨耗自动测量功能。机床具备检测车轮直径的功能和检测车轮轮廓的功能，能够准确测量出轮对踏面、轮缘部分的磨损情况，从而确定所需镟修加工的最小深度。

（3）车轮轮廓形状曲线的镟修功能。设备具有符合 EN13715 标准的电客车和工程车辆的各种廓型的轮廓曲线加工程序，程序以轮缘踏面直径最优化的方式进行镟修。机床能按 0. 1mm 的进刀量对轮对踏面进行加工，允许抬刀（走空刀）进行镟修，每次加工能完成轮廓全部的镟修。操作者只需选择其中一种加工程序，即可自动完成该型面的加工。

6.2.1.3 基本技术要求和主要技术参数

（1）基本技术要求。

适应轨距	1435^{+6}_{-2}mm
轮对轮轴长度	1620~2450mm
轮对内侧距	（1353±2）mm
加工轮对直径（踏面直径）	400~900mm
车轮宽度	90~145mm
可承受的最大轴重	18t（机床承重）
电机绝缘等级	F 级

（2）主要技术指标。

切削速度	3~120m/min，无级变速
最大切削深度	8mm
进给速度范围	进给速度 0~600mm/min
	进给量 0~2. 5mm/r

每刀最大进刀量	3~6mm/r
每刀最大切削断面面积	$6mm^2$
总功率	≤120kW
设备最大噪声	<80dB

6.2.2 列车自动清洗机

洗车机采用列车自行牵引（带电通过），能够自动完成列车车头、车尾、两侧、侧顶弧面的清洗工作，整个列车的清洗过程可自动完成。列车自动清洗机可以采用自动与手动的操作控制，并能选择是否使用洗涤剂。列车自动清洗机能准确辨别列车在设备中的位置，自动开始和结束洗车的程序，并给司机必要的提示信号。

列车自动清洗机由预湿/预冷机构、预湿涂抹机构、端面刷洗机构、侧顶弧面刷洗机构、侧面初刷洗机构、侧面次刷洗机构、初冲洗机构、侧面精刷洗机构、终冲洗机构、清水供给系统、回用水供给系统、洗涤剂供给系统、水循环及处理系统、压缩空气供给系统、信号系统、摄像闭路监控系统、电气控制及操作系统、故障自动诊断/显示系统、安全防护系统等组成。它采用列车自行牵引、以 3~5km/h 的速度通过清洗线洗刷的形式清洗列车。清洗后车体外表面无灰尘、泥土和其他附着物。清洗机自带污水处理设备，清洗后的水经过处理后循环使用，循环水的利用率达 70%以上，每列车清水耗量仅 500L 左右。

6.2.2.1 主要构成

列车自动清洗机主要由预冷（预湿）机构、端面洗刷机构、侧面洗刷机构和水处理系统构成。

（1）预冷（预湿）机构。预冷/预热机构使用循环水调节车体表面温度。冬季喷出均匀、扇形热水雾对车体进行预热；夏季对车体进行预冷，使预湿涂抹机构作用于车体的除垢剂（洗涤剂）不至于挥发或冻结，提高车体湿润性，增强洗涤效果。冬季循环水的加热方式采用热交换器（设备配套提供）。

（2）端面洗刷机构。列车端面洗刷机构对列车的前、后端面进行洗刷清洁，并根据操作人员选定的洗刷工艺、程序，自动确定是否加入除垢剂功能。列车清洗机端部刷洗机构由一对水平端刷及相应的走行机架、驱动/传动机构、喷水装置组成。

（3）侧面洗刷机构。车侧面洗刷机构包括预洗、粗洗及精洗三道工序。列车以匀速通过侧面洗刷机构。预洗、粗洗可使用循环水，精洗使用清水，预洗可手动选择是否加入除垢剂。侧面洗刷通过旋转的刷体让刷纤维作用于车辆外表面，使洗涤剂充分乳化，与车体污渍进一步反应，达到去除污渍的目的。刷子与车体的接触压力通过调整后固定，通过气缸与缓冲弹簧的相互作用来调整刷毛的接触深度，既可保证清洗效果，又不损伤车辆表面油漆，刷丝端部自然分叉。

（4）水处理系统。水处理系统至少包含循环水处理系统及废水处理系统。循环水出水水质达到洗车用水水质要求。洗车废水处理设备对除垢剂进行处理，尽量重复利用，尽可能实现零排放。

6.2.2.2 主要技术参数

列车自动洗机主要技术参数如下所示：

清洗容量	约 20min/列
列车洗车速度	3~5km/h
供给水流量	≤100L/min
耗水量	500L/列

6.2.3 固定式架车机

固定式架车机用于地铁车辆不摘钩或部分摘钩状态下进行同步架、落车作业，以便进行转向架及车下其他机械、电气部件的维修、更换作业。

固定式架车机满足六辆车组成的单元车组同步架车检修的要求，同时亦可满足其中单辆、两辆、三辆及六辆均可以单独或同步架车检修的要求，可同时对一台、多台转向架实施更换作业。升降过程由控制台集中控制，也可由控制台授权后，在现场使用现场遥控器控制架车机升降作业。在架车作业时，车辆各架车点的标高处于同一水平面内。在机械设备和电气保护的双重作用下，可保证架车或落车作业时，架车点在同一水平面内升降。

六辆编组车辆固定式架车机的使用现场，如图 6-1~图 6-3 所示。图 6-1 所示为车辆刚刚进入驾车位置的状态，图 6-2 所示为六编组同步架升状态，图 6-3 所示为非工作状态与地面齐平的架车机。

图 6-1 车辆进入

固定式架车机的技术参数如下所示：

转向架举升机额定顶升力（单台）	25 t/台
单辆车顶升力（2 台）	50 t/套
车体支撑装置顶升力（单台）	12t/台
单辆车支撑装置顶升力（4 台）	48 t/套
转向架举升机顶升速度	0.4m/min
车体支撑装置顶升速度	0.4m/min
转向架举升机顶升有效高度（距轨顶）	1600mm
车体支撑装置顶升有效高度（距轨顶）	2500mm

图 6-2 同步架升状态

图 6-3 非工作状态与地面齐平的架车机

车体支撑装置顶升立柱内侧净宽度	2800mm
单组同步精度	≤4mm
相邻架车机组之间的高度偏差	≤6mm
相邻三组同步精度	≤8mm
相邻四组同步精度	≤10mm
相邻六组同步精度	≤12mm

6.2.4 移动式架车机

移动式架车机如图 6-4 所示，主要用于对电动客车或工程车辆进行架车作业，架起车体后就可以进行转向架及车下部件的维修和更换作业。每组移动式架车机由 4 台架车机组成，架车机起升时均匀同步。架车机采用相同规格的电机减速机、丝杠螺母机构，并设有同步检测装置，保证架车机起升时的均匀同步。

移动式架车机组能对任意单、双节车辆进行架车作业，在架车机组数量满足的情况下，也能对整列编组列车在不摘钩状态下同步架车作业，以便进行转向架及车下其他部件的维修、更换作业。

移动式架车机组每 4 台组成一个（组）车位起升单元，8 台组成两个（组）车位起升单元，12 台组成三个（组）车位起升单元，24 台组成六个（组）车位起升单元，满足整列编组列车在不摘钩状态下同步架车作业，以便进行转向架及车下其他部件的维修、更换作业。

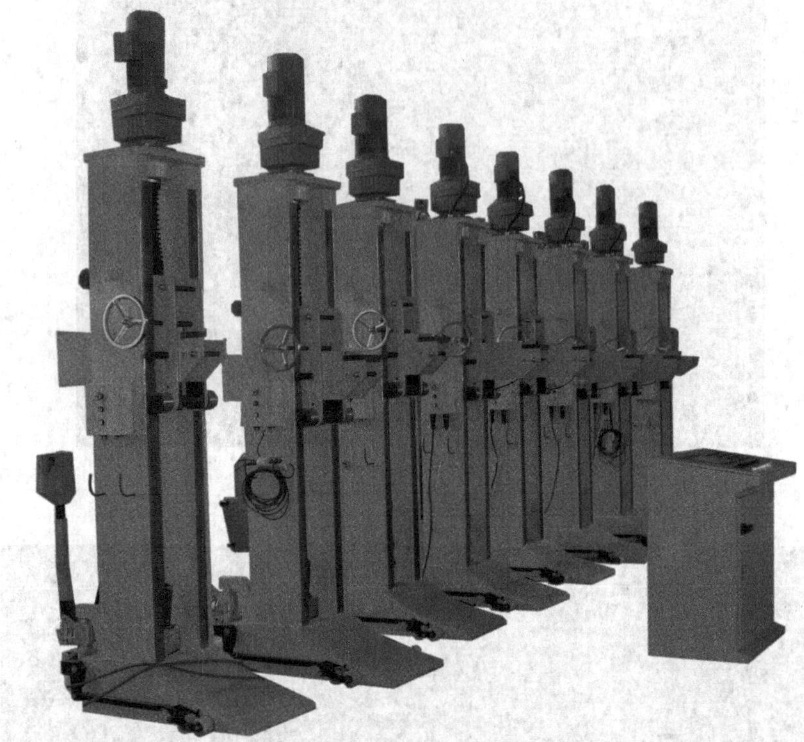

图 6-4 移动式驾车机

地上移动式架车机作业方式较为灵活，可以满足单辆、两辆和整列同步架车的要求。每台移动式架车机均可单独移动。机架底部装置有专业厂家生产的手动液压搬运装置，可由人工全方位无轨推行。一个人就能轻松完成 1 台架车机移动、对位的操作全过程。架车机定置对位后，走行轮可以抬起，由架车机机座承载。走行系统位于架车机的底部，为手动液压搬运车等组成。架车机移动时逆时针下压手柄使轮落下，架车作业时使轮抬起，机架承载；顺时针转动手柄，沿轨道推行。上述操作过程轻快、省力。

图 6-5 和图 6-6 所示分别为移动式架车机准备驾车状态和车辆架起状态。

移动式架车机主要技术参数如下：

四台一组总起重能力	≥60t
单机额定起重能力	≥15t
有效提升高度	≥1100mm
工作电压	AC（380±10%）V，50Hz，三相五线制
单组同步精度	≤4mm
相邻架车机组之间的高度偏差	≤6mm
相邻三组同步精度	≤8mm
相邻四组同步精度	≤10mm
相邻六组同步精度	≤12mm
架车机升降速度	204mm/min

图 6-5　准备架车

图 6-6　车辆架起

6.2.5　转向架静载试验台

转向架静载试验台（见图 6-7）可以对转向架的每一个轮对进行称重，也可以测量轴距和转向架的四角高，还可以进行气密性检测、空气弹簧的高度检测等，用于模拟车体的重量对转向架进行加载。它具有设备安全保障功能和设备自检功能，可随时监视设备的运行情况，并显示其故障的位置，可方便地显示、查询当前及以往数据，可随时打印各有关数据和报表，自动生成检测报告。

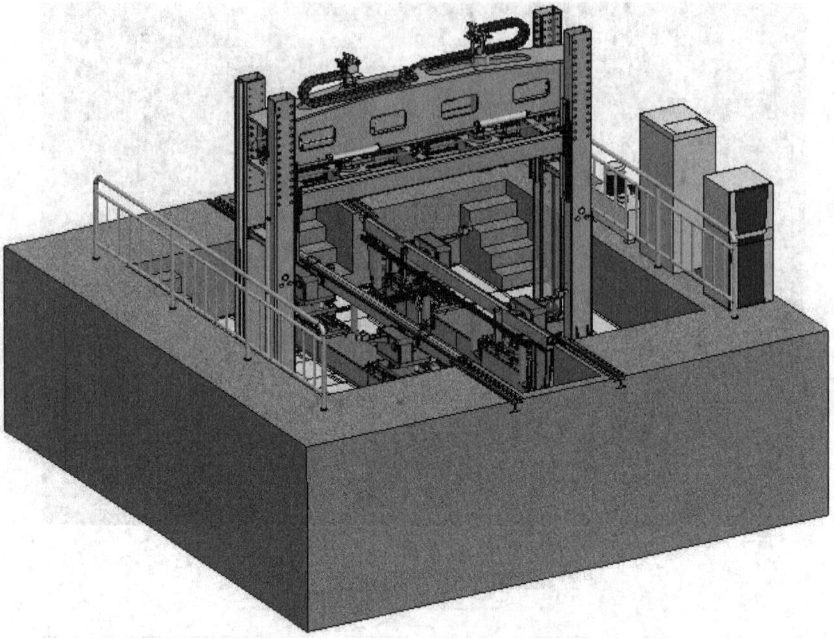

图 6-7　转向架静载试验台

转向架静载试验台主要技术参数如下：

电源	交流三相五线制，AC380V（±10%），50Hz
二系加载力	0~150kN×2，精度±1% F. S
二系加载力位置调节范围	1300~2500mm，定位精度±1mm
轴距测量范围	1800~3000mm，测量精度±0. 2mm
轮重测量范围	<10t，测量精度±1. 5‰ F. S
设备外形尺寸（长×宽×高）	5400mm×5100mm×5300mm
加载油缸行程	300mm，测量精度±1%F. S
转向架四角高测量误差	±0. 5mm
工作噪声	≤80dB
工作效率	>2 台/h
设备重量	<12t

如图 6-8 所示，转向架静载试验台的主结构由底座和龙门框架固定连接，组成一个力封闭的加载试验系统。底座上有 4 个托轮称重测量台，每个称重测量台安装有称重传感器，用于检测轮重。同时称重测量台可在直线导轨上移动，称重测量台的移动距离由位移传感器检测并传输给计算机系统，从而计算出转向架的实际轴距。

6. 2. 6　轮对检测系统

轮对-受电弓动态检测系统一般设置在出入段线上，用于轮对和受电弓的在线检测。此系统无条件执行车辆厂和信号专业的电子标签遵循的标准或规范。

轮对动态检测系统（见图 6-9）采用非接触式图像测量技术、高精度位移测量技术，能准确检测车轮各相关部位的尺寸和踏面擦伤，适用于不同踏面形状的车轮。轮对动态检测系统对车辆运行产生的振动以及接触网、受电弓和变压器等产生的电磁场具有抗干扰能

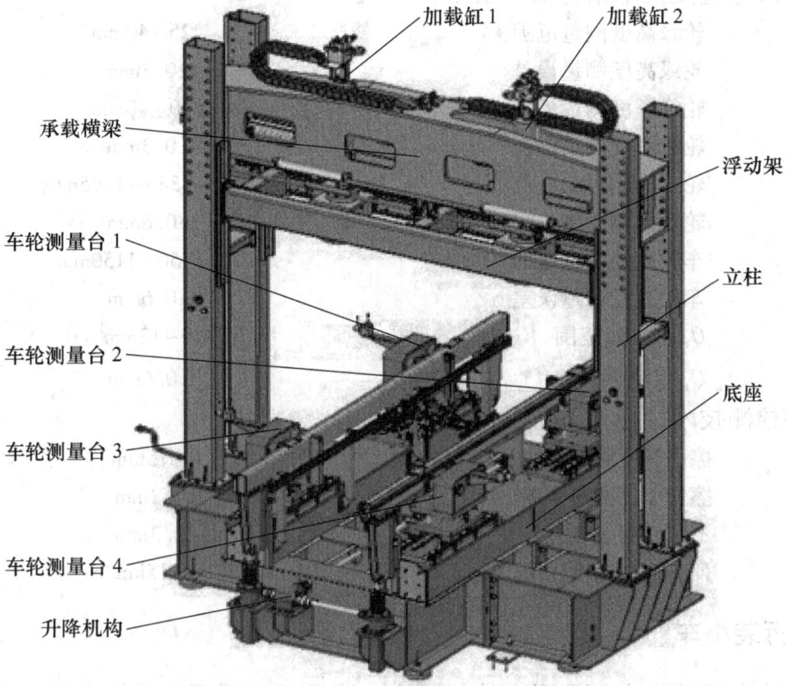

图 6-8 静载试验台结构

图 6-9 轮对动态检测系统

力，能适应轨边的环境条件，保证测量精度。受电弓动态检测系统应具备对车辆受电弓关键特性参数的动态自动检测和车顶异物及关键部件状态的室内可视化观测能力。轮对-受电弓动态检测系统的应用软件具有兼容性和可扩充性。

轮对外形尺寸检测技术指标如下所示：

轮缘高度测量范围	25~40mm
轮缘高度测量误差	±0.3mm
轮缘厚度测量范围	20~40mm
轮缘厚度测量误差	±0.3mm
轮对内侧距测量范围	1345~1365mm
轮对内侧距测量误差	±0.6mm
车轮直径测量范围	750~1150mm
车轮直径测量误差	±0.6mm
Q_r 值测量范围	0~13mm
Q_r 值测量误差	±0.6mm

车轮擦伤检测技术指标如下所示：

擦伤深度测量范围	0~15mm
擦伤深度测量误差	±0.3mm
不圆度测量误差	±0.3mm
列车通过速度	8~15km/h

6.2.7 钩缓拆装小车

钩缓拆装小车设置在车辆段联合检修库内，该设备主要用于地铁车辆半自动密接式车钩及缓冲器、半永久牵引杆，从车体上的卸落及安装。

钩缓拆装小车的运用及功能要求如下：

(1) 各种动作的控制均由手动换向阀集中一处，由操作者集中控制。

(2) 升降机构用油缸控制，用来接近或离开车体上的车钩及缓冲装置。

(3) 夹紧机构采用螺栓定位，使得缓冲装置拆下后安防牢固可靠。

(4) 行走装置采用自锁脚轮，行走平稳。

(5) 整机动力输出采用液压实现，系统采用中压系统。

(6) 拆卸模块与走行模块之间可180°旋转，方便对相邻两个车钩的拆卸。

钩缓拆装小车的主要技术参数如下：

有效升降行程	≥1200mm
升降机构最大举重能力	≥300kg

7 城市轨道交通车辆检修基地

7.1 车辆基地综述

7.1.1 车辆基地的基本概念

城市轨道交通车辆检修基地（以下简称“车辆基地”）是地铁车辆停放、运用、整备、清洁、检修的专门场地，同时也包含一些供电、通信信号、工务等专业的维修场所，是运行线路管理中心的所在地，是保证城市轨道交通车辆及各系统良好技术状态和整条线路正常运营的重要基础。

若运行线路较长，为了有利于运营和分担车辆的检查清洗工作量，可在线路的另一端设停车场，负责部分车辆的停放、运用、检查和整备工作。当技术经济合理时，也可以两条或两条以上线路共设一个车辆段。城市轨道交通除车辆保养基地以外，还有综合维修中心、材料总库和职工技术培训中心等基地，有条件时，尽量将它们与车辆段规划在一起。

上述所说的“车辆段”和“停车场”都是车辆基地的一种。

7.1.2 车辆基地的重要性

车辆良好的技术状态和正常的运行，是由各级修程保证的。城市轨道交通车辆采用计划预防维修和按技术状态事后临时维修相结合的制度，设有日常维修和定期维修两部分。

车辆基地是整个城市轨道交通系统的重要组成部分之一，是车辆停放、运用、管理、清扫、洗刷、试车、调试验收、镟轮、列检、月检、定修、临修、架修及运用列车事故后救援的重要基地。若是城市新建地铁的第一个车辆段，它还要考虑承担新车调试、试车及正线的焊轨、铺轨任务。

（1）车辆基地是地铁系统工程的重要组成部分。地铁工程就其系统本身就有近 30 个系统，车辆基地是其中最大的系统。车辆基地是地铁工程的后勤保障系统，若没有车辆基地，地铁工程将不可能存在（无法发挥其功能）。

车辆基地几乎和地铁相关的所有系统都有密切关系，其设计涉及的专业多，需要 24 个专业互相配合、通力合作。车辆基地与地铁相关专业接口关系如图 7-1 所示。

（2）车辆基地是保证地铁系统安全运行的总后勤部。

1）车辆段：是车辆管理、运用、维修保养和检修基地，保证按时提供技术状态良好的车辆。

2）综合维修中心：是各项设备、设施的维修、保养和检修基地，保证各项设备设施处于正常状态。

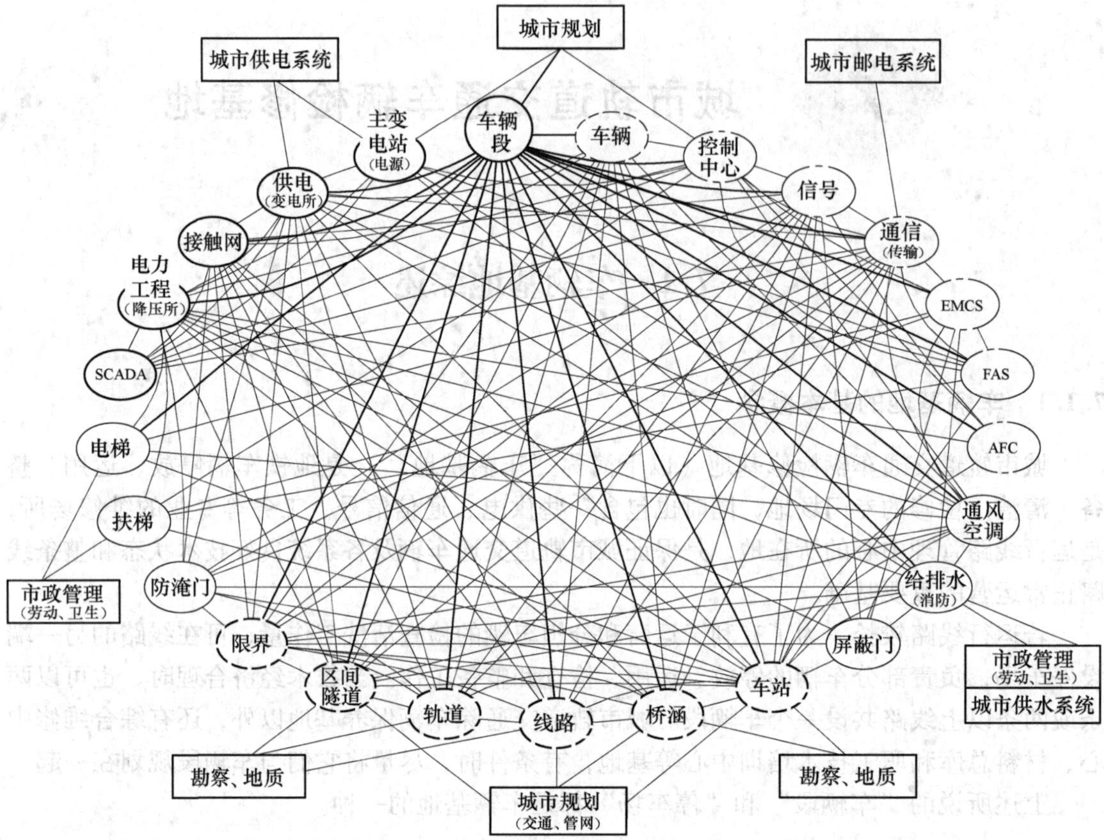

图 7-1　车辆基地与各专业接口

3）物资总库：是材料、设备和各种物资的采购、保管和发送单位，保证地铁运行和维修所需的材料、设备的供应。

4）培训中心：是提高全体员工的业务能力和技术水平的保证。

（3）车辆基地占地大、投资多，对地铁工程建设的影响大。

1）占地大：辅助停车场 0.08～0.12km^2，停车场 0.1～0.2km^2，车辆段 0.16～3.5km^2。

2）投资高：车辆基地的投资为工程总投资的 5%～8%。

7.1.3　车辆基地的组成与分类

车辆基地是对车辆进行运营管理、停放及维修养护的场所，列车退出运营后也要进入检修基地进行洗刷、清扫、定期消毒等工作。车辆基地要根据城市轨道交通网络，进行统筹考虑、合理配置和分工，根据需要确定它的规模，对车辆实施不同的修程。

车辆基地以车辆运用、检修为主，但考虑到地铁系统管理需要，方便组织城市轨道交通地铁各专业的维修工作，可以将工务、通信、信号、机电设备等专业的维修与车辆检修基地一并考虑，这样有利于协调各专业接口，对各专业维修工作进行有效的协调管理，可以合理规划、统一使用场地和设备，节约土地和投资。

7.1.3.1 车辆基地的系统组成

车辆基地包括车辆段、综合维修中心、物资总库、培训中心和必要的生活设施等，如图 7-2 所示。

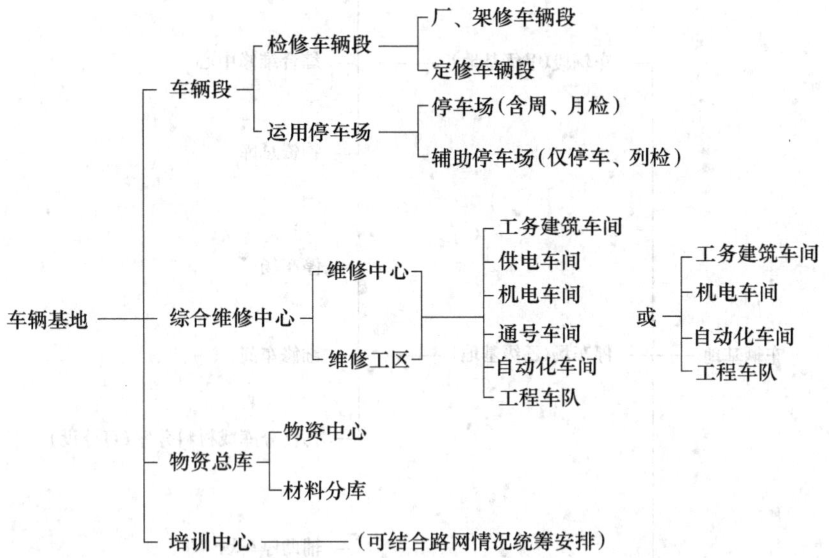

图 7-2 车辆基地的组成

车辆基地除了设置车辆各级运用、检修工作必需的生产设施如停车列检库、周月检库、联合检修库以及综合维修中心、物资总库等外，还需要设置必要的辅助生产、生活附属设施，如图 7-3 所示。

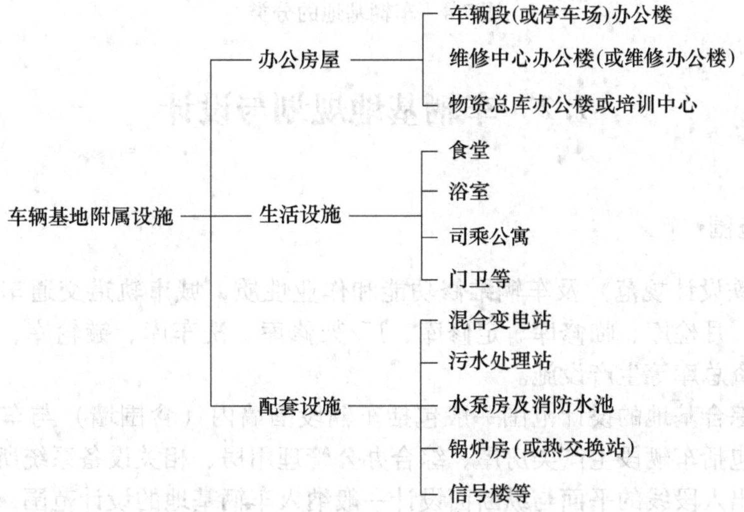

图 7-3 车辆基地附属设施组成

7.1.3.2 车辆基地的分类

车辆基地根据线网的规划功能定位和规模的大小可划分为车辆段、停车场和辅助停车场，具体分类如图 7-4 所示。

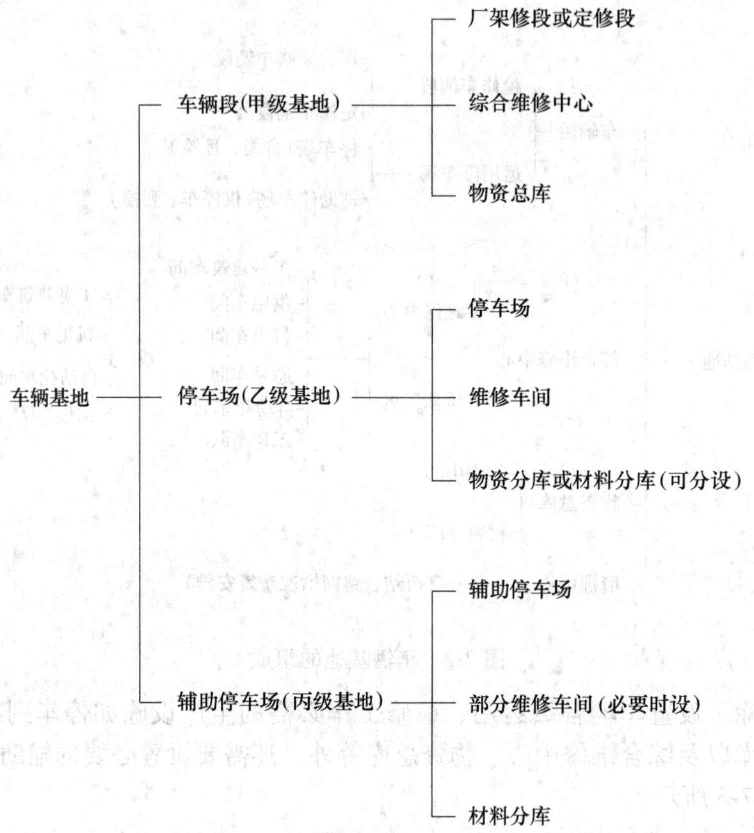

图 7-4 车辆基地的分类

7.2 车辆基地规划与设计

7.2.1 设计范围

根据《地铁设计规范》及车辆维修功能和作业性质，城市轨道交通车辆基地一般具有停车列检库、月检库、临修库、定修库、厂/架修库、洗车库、镟轮库、试车线、综合维修中心、物资总库等生产设施。

车辆段与综合基地的设计范围一般包括车辆段围墙内（含围墙）与车辆段功能相关的设计，主要包括车辆段生产类房屋、综合办公管理用房、相关设备系统所需土建工程等内容。车辆段出入段线的平面与纵断面设计一般纳入车辆基地的设计范围，站场专业与正线线路专业配合。

按照设计阶段，车辆基地设计一般分为方案设计、初步设计（含招标设计）、设备招标配合设计（含设计联络）、施工设计、施工配合设计等全过程设计。

按照专业，车辆基地具体设计范围包括站场及总图设计、车辆段车辆检修工艺设计、土建部分设计、设备部分设计、其他市政道路及管线接口设计等。

7.2.2 设计流程

车辆基地的功能应根据相应城市地铁线路的基本资料（如行车交路、选址规划、车辆检修周期等），并结合线网规划对该车辆基地的功能进行定位对既有设施进行综合分析，避免重复建设。随着全国城市轨道交通的快速发展，在总结过往车辆基地的设计经验和规律的基础上，车辆基地的设计工作逐步形成了固定的设计流程，如图 7-5 所示。

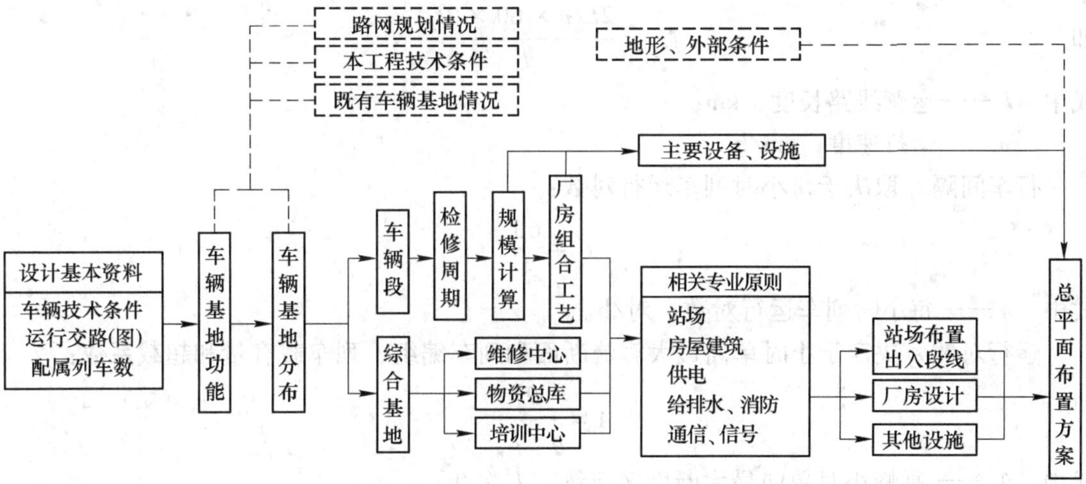

图 7-5 车辆基地设计流程

7.2.3 设计规模的确定

车辆基地的规模主要取决于配属的地铁列车数和列车的检修模式，同时考虑其他专用设备的检修规模。

配属列车包括运用列车、检修列车和运用备用车。

$$N = N_y + N_j + N_b$$

式中 N——配属列车，列；

N_y——运用列车，列；

N_j——检修列车，列；

N_b——备用列车，列。

7.2.3.1 运用列车数

运用列车数量决定于运行线路的长度、列车的旅行速度、行车间隔和折返时间，计算公式如下：

$$N_y = \frac{T_z}{t_j} - \frac{T_y + T_y' + t_z + t_z'}{t_j}$$

式中 N_y ——运用列车，列；

T_z ——列车周转时间，即列车在一个线路上运行一个来回需要的时间，min；

t_j ——行车间隔，min；

T_y ——上行线路运行时间，min；

T'_y ——下行线路运行时间，min；

t_z ——始发站折返时间，min；

t'_z ——终点站折返时间，min。

当上下行线路和两端折返时间相同时：

$$N_y = \frac{2T_y + 2t_z}{t_j}$$

即

$$N_y = \frac{2L/v \times 60 \times 2t_z}{t_j}$$

式中 L ——运营线路长度，km；

v ——运行速度，km/h。

行车间隔 t_j 取决于每小时列车运行对数：

$$t_j = \frac{60}{A}$$

式中 A ——每小时列车运行对数，对/h。

运行对数 A 决定于小时单向最大客流断面和列车编组、列车载客量和超载系数：

$$A = \frac{\theta_g}{q \cdot \lambda_g}$$

式中 θ_g ——高峰小时单向最大断面客流量，人次/h；

q ——列车定员数，人/列；

λ_g ——高峰时段计划满载率，一般取为110%~130%。

7.2.3.2 备用车辆数

备用车辆是作为车辆临时发生故障时投入使用的储备列车。根据城市轨道交通运营实际经验，备用列车数量一般在线路运行初期取为运用车辆的10%左右，当运用车辆多时，取小于10%，当运用车辆少时，取大于10%。近期和远期备用车数量取为运用车数量的5%~8%。一般一条运行线至少要保证2列备用车。

7.2.3.3 检修列车数量

检修列车数量取决于运用车辆数、检修周期及检修的停库时间。

（1）全年检修任务量的计算。

$$Q_r = \frac{S_y}{R} - \frac{S_y}{R_{-1}}$$

$$S_y = D \times L \times 365$$

式中 Q_r ——全年检修任务量；

S_y ——年走行公里；

R ——定检指标（架修周期）；

D——全日开行列数；

L——线路长度；

R_{-1}——上一级定检指标。

（2）检修列位的计算。

$$D_L = Q_r \times T_d \times \mu/250$$

式中 Q_r——全年检修任务量；

T_d——停修时间；

μ——检修不均衡系数，按照地铁设计规范，检修不平衡系数宜按月检1.2、厂架修1.1取；

250——全年法定工作日。

7.2.4 车辆基地的选址原则和总平面布置

7.2.4.1 选址的基本原则

车辆基地选址的基本原则如下：

（1）车辆基地的选址要选择地势平坦、地质良好、无大的水文地质影响的地域，用地应相对集中，一般为长方形，便于车辆基地的布置。

（2）市区内的轨道交通主要解决市区内部的交通问题，其线路基本是郊区—中心城区—郊区，其沿线客流相对分布均衡，中心城区内客流较为集中。从运营效率来看，车辆段设在线路中部较好，但占地多，对城市干扰大，所以往往在郊外征用土地，采取在线路端部设置车辆段的方法。

（3）车辆段、停车场及本线路上的折返线三方面总的停车能力应大于本线远期的配属车辆总数。为便于列车进出，一条停车线存放的列车数不应超过2列。

（4）车辆段上除了列车停车库外，还有试车线、车辆检修设备、综合维修中心等。为充分利用这些设备，减少车辆段用地总量，应尽量将车辆段集中于一处设置。在技术经济合理、城市用地规划许可时，可以两条线路共用一个车辆段。

（5）车辆基地应靠近正线，且位于容易铺设较顺直的出入段线路的位置，以利于缩短出入线长度，降低工程造价，改善使用条件。

（6）车辆基地的选址要考虑防火灾、防水害的要求，周围应有雨水、污水排放条件。

（7）车辆基地的线路应尽可能与地面铁路专用线相接，以便车辆及物资运输。部分车辆段不具备上述条件时，也可通过相邻线路过渡。

（8）各车辆基地的任务分工必须从全网着眼，统筹规划，合理布局，有序发展。

（9）整个路网车辆的大修任务应集中统一安排，并集中设一处职工培训中心。

（10）各车辆基地的用地规模应能承担规划的作业量，并考虑将来技术发展，适当留有余地。

（11）车辆基地的用地性质应符合城市总体规划及环境保护要求。

7.2.4.2 总平面布置的组成

车辆段总平面布置主要由股道、道路、运用检修主厂房、辅助生产厂房、生产办公房屋、生活房屋及绿化等组成。

（1）股道。

股道主要由出入段线、牵出线、调头线（必要时）、试车线、静调线、洗车线、吹扫（清洗）线、不落轮镟修线、停车列检线、月修线、定架修线、大修线和材料线、调车机车存放线、喷漆线（必要时）、特种车辆存放线、备用车存放线及建设期使用的焊轨线等组成。

（2）道路。

道路主要由生产运输通道、消防环行通道及人行通道组成。

（3）运用检修主厂房。

运用检修主厂房主要由停车列检库、月修库、架定修库、大修库（需要时）、洗车库、不落轮镟修库、吹扫（清洗）库、调机库及综合维修厂房等组成。

（4）辅助生产工厂房。

辅助生产厂房主要由变电所、通信信号楼、特种车库、设备维修车间、转向架轮对检修间、电机电器检修间、空调检修间、车门车窗检修间、受电弓检修间、制动机检修间、污水废水处理站、空压机站、加油站、制炉房（需要时）、材料棚、材料库及汽车库等组成。

（5）生产办公房屋。

生产办公房屋主要由车辆段办公综合楼、运用车间办公楼、检修车间办公楼、设备车间办公楼、综合维修中心办公综合楼、材料总库办公楼等组成。

（6）生活房屋。

生活房屋主要由司机待乘室、生产人员的更衣休息室、职工食堂、浴室等场所组成。

7.2.4.3 车辆基地总平面布置原则

一般来说，一个城市的路网规划都是由几条甚至十几条纵横交错的线路组成，每条线路的客流量和施工工期也是不同的。如何结合路网规划来确定车辆段的性质就成为确定车辆段规模的先决条件。这里所说的车辆段的性质是指按完成几级修程来定的，最大的可以做大修，最小的只能做停车列检，它的确定主要与路网规划、客流预测、线路走向、施工工期安排、段址等因素有关。车辆段的性质一旦确定，规模就可以通过行车资料计算而定。规模定下来后，就可以进行段内总平面布置。车辆段总平面布置的原则如下：

（1）运营优先。车辆段主要是为运营服务的，它按与运营关系的密切程度排序，有出入段线、洗车线、停车列检线、月检线、牵出线、调车机车存放线、特种车存放线、不落轮镟修线、吹扫（清洗）线。其他线路属检修线路，可根据需要合理布置。以上各线最重要的是出入段线，其布置形式直接关系到正线的运输能力，深圳地铁多次方案变更都是由出入线的能力不足引起的。这里给出几种理想的出入线布置形式：

1）当段址选在线路的终点站，无论段址与正线是平行还是垂直，一般以双线顺接即可满足运营要求。

2）当段址选在线路的中间站，且段址与正线垂直时，应采用双线双向的出入线布置形式。

3）当段址选在线路的中间站，且段址与正线平行时，应采用双线双向两站间贯通（主要指停车列检库可以与两站直接连接）式的出入线布置形式，当不具备贯通式布置条件时，应采用双线双向单站的出入段线布置形式。

洗车线、不落轮镟修线的布置原则是有条件的情况下与停车列检库贯通。吹扫（清洗）线与检修库贯通。其他各线的布置原则是尽量减少车辆在段内调车时的走行距离，最好使段内线路的带电区和非带电区分区布置。

（2）确保检修。车辆段的两大主要功能是车辆的运用整备和车辆及地铁各系统固定设备的检修保养，因此，在车辆段总平面布置上，优先先考虑运营需要的前提下要确保检修能力。因为地铁车辆造价昂贵，若车辆段的检修能力跟不上，会直接影响运用车数量，从而影响运营能力。而检修设施的能力主要靠运用检修主厂房和辅助生产厂房的规模及其工艺流程的合理性来保证。因为车辆段内的综合维修中心的很多辅助车间与车辆段的辅助车间性质相同，可在综合考虑各方面因素后采用合建方案，如机加工车间和计量化验室等，车辆段的材料棚、材料库也可考虑和材料总库合建。

（3）合理布置办公房屋。合理是指不但房屋面积和位置合理，尽量靠近运用检修中心，而且对于各功能主体的用房在满足管理需求的前提下，能合并的尽量合并成办公综合楼。例如，综合维修中心和材料库就可以将生产和办公合建成综合楼以减少房屋个体数量。

（4）配备必要的生活设施。必要的生活设施是指根据不同的地点和该地的经济生活水平的高低以及气候条件所配备的职工生活设施。

（5）道路与绿化。车辆段内的道路布置在总平面布置中也很重要，对于车辆段内的大型建筑在布置前就应考虑铺设运输道路和环行消防通道的条件。各建筑个体之间应根据需要铺设人行通道，且要求各道路之间应尽量连通。在车辆段无法与国铁接轨时，还应考虑机车、车辆进段条件。除此之外还应符合国家及本地区对环保、劳动保护及绿化的有关设计规定。

（6）预留发展余地。在满足近期运营、检修要求的前提下，应使各生产办公室布置紧凑，为将来发展留有余地。

（7）考虑物业开发的条件。地铁多建在较大城市，寸土寸金，且占地面积相当大（一般不小于 0.25km^2），若有条件搞物业开发，其经济价值是不言而喻的。如果业主要求搞物业开发，在作车辆段总平面布置时，一定要在满足车辆运用检修的前提下，为物业开发提供充分的条件。这一点可参照北京郭公庄车辆段和深圳前海车辆段的总平面布置。

7.2.4.4 厂房组合形式

车辆基地的总平面布置按厂房组合形式可分为集中式和分散式两种。

集中式布置将性质相近的车间大规模地合并成联合厂房。例如，将大架修库、定临修库、油漆库、转向架间等合并成检修主厂房；将周/月检库、停车列检库等合并成运用库。集中式布置的优点主要有工艺路线短，占地面积小，线路布置容易，方便管理等；缺点主要是由于厂房面积大，自然采光和通风条件较差，消防设计较为复杂。

分散式布置为各主要车间独立设置或集中程度较小，厂房单体面积较小。从总图上看，布置分散。其优缺点与集中式布置相反。

车辆基地一般位于城郊，车间采光通风可通过设备得到较好解决。因而在国内外地铁车辆段总平面设计中集中式布置已成为主流。若停车列检库为Ⅰ、周/月检库为Ⅱ、检修库（定、架、厂修）为Ⅲ，下面介绍几种常用的厂房组合形式：

(1) 独立库型——Ⅰ、Ⅱ、Ⅲ各库分别独立设置，用于特大规模的厂架修段。

(2) 联合检修库型——周/月检库和检修库合并，列检库单建，用于定修段。

(3) 运用库型——停车和周/月检库合建，检修库单建，用于厂架修段。

(4) 综合检修库型——Ⅰ、Ⅱ、Ⅲ三库合并设置，用于规模不大的定修段。

(5) 单一运用库型——只有列检和周/月检，用于停车场。

(6) 单一列检库型——只有停车列检库，用于辅助停车场。

7.2.4.5 车辆基地基本段型设计

根据车辆基地检修主厂房、运用库及停车库的位置关系，车辆基地的总平面布置形式一般可分为并列式、纵列式及复合式三种。并列式为三者并联布置，列车在三者之间的转场一般通过牵出线进行；纵列式为三者串联布置，列车转场一般通过走行线进行；复合式为三者之间有并有串。

(1) 并列式布置。并列式布置的主要优点是布置紧凑整齐、占地小，作业集中、管理方便。其缺点是对场地的宽度要求较大，作业工艺不如纵列式布置顺畅；定检车辆的调车作业较多，走行距离长，对列车出入段可能造成干扰；洗车线和试车线布置困难。北京地铁古城车辆段和香港地铁九龙湾车厂的总平面就是典型的并列式布置方式。

(2) 纵列式布置。纵列式布置主要适用于狭长地形。它按主出入段方向依次布置停车库、运用库和检修主厂房，也可将运用库设于停车库前。这种布置分区明确，列车走行顺畅，洗车线和试车线布置容易；缺点是走行线数量较大，且由于狭长布置，不方便管理，实际运用中较少采用此形式。

(3) 复合式布置。复合式布置吸取了并列式布置和纵列式布置的优点，对地形的适应性也较强。是普遍采用的总平面布置方式。根据组合方式不同，复合式布置一般有两种布置方式。一种是停车库和运用库并列布置，与检修主厂房纵列布置，广州地铁一号线车辆段即为这种布置方式。它的优点是出入库较频繁的作业集中在一起，运用和检修分开，带电区和无电区分开，对安全作业有利。另一种是运用库与检修主厂房并列布置，与停车库纵列布置，如上海地铁新龙华车辆段。它的优点是运用检修作业集中，方便管理和零部件的供应。

7.2.5 车辆基地的技术要求

7.2.5.1 总体要求

车辆基地的总体要求有：

(1) 国内地铁车辆技术的更新换代，对车辆基地建设提出更高的要求。地铁车辆段的设计不仅要满足地铁设计规范的要求，也应该根据车辆运营及检修设备的发展趋势，为车辆基地预留一定的发展空间。

(2) 地铁车辆基地的设计应该体现新工艺、新设备的运用。新工艺、新设备的采用要进行方案论证，必要时要专题论证评审。

(3) 总图布局应根据地形地貌及气象条件的特点，进行多方案比选，并对用地、土石方、场坪标高、轨道、建筑面积、道路、绿化等相关指标逐条分析。注意噪声、有害物质对周围环境的影响，避免自然灾害的发生。

(4) 土建工程是百年大计。工程的建设应考虑远期发展的需要，设计应对远期工程建设的实施进行必要的规划。

(5) 建筑工程材料的选用必须满足国家规范的要求，选用的新型材料应具有相关行业两年以上的使用经历及鉴定意见。

(6) 运用、检修车间厂房应按照生产功能和存放物品种类，确定建筑物类别及耐火等级。

(7) 运用库、检修库、轨道车库、物质库等库区应采用防腐蚀、高耐磨、高硬度、绝缘、防滑的地面。

(8) 动照、暖通、给排水等公用设备的选型应经济、实用、节能，设备设置便于日常维护管理。

(9) 工业厂房应进行管线汇总设计，管线汇总图纸必须由建筑设计专业会签，并归类至相关专业章节。

(10) 具有架修功能的车辆基地应设置满足车体喷漆要求的喷漆库，库内应配设加热、烘干、除尘、废气排放等设备，废水应通过管网排入车辆基地污水处理站。

(11) 运用库、检修库、轨道车库等库区生产区域内高差大于300mm的地面应设置不锈钢防护栏。

(12) 接触网受电的运用库和车辆基地的检修库厂房不宜采用屋顶风机盘管采暖设备。

(13) 车辆基地生产管理办公用房、停车列检库、检修库、镟轮库、综合维修中心、物质库应进行综合布线设计。

(14) 运用库、检修库、物质库、站场咽喉处等应安装安全监控摄像设施。

(15) 运用库、检修库的检修平台应配备安全连锁装置。

(16) 生产管理办公大楼应设生产调度指挥中心。

(17) 车辆基地设计应充分利用市政公共设施的既有条件，避免不必要的基建浪费。

7.2.5.2 站场及总图设计要求

A 站场设计要求

a 站场平面设计要求

(1) 选址。

1) 车辆基地选址应以线网规划和建设规划为依据，分析周边地块的规划情况，用地性质应为城市公共设施用地。

2) 避让道路红线、河道蓝线、城市绿线等。

3) 尽量选择地质较好的地块，避免低洼地块，减少土石方工程量。

4) 尽量选择距离车站较近的地块，缩短出入线长度。

(2) 总体平面布置方案。

1) 车辆基地用地尽量紧凑、规整，功能划分明显，办公区、公寓、食堂尽量集中布置，并靠近联合检修库，缩短人员在场内的走行距离。试车线应设置在远离外部道路的一侧，便于车辆基地出入口与外部道路连接。

2) 占地面积超过 $0.2km^2$ 的车辆基地应设置至少 2 个出入口。其中主出入口 1 个，靠近办公楼，主要为工作人员和小型车辆进出。次出入口可作为大型货物车辆的出入通道。

3）列检库、联合检修库的布置应平行于周边道路（规划）、相邻同类型建构筑物。列检库和联合检修库平行布置时间距不小于25m，其他建构筑物距离列检库和联合检修库不小于20m，道路距离列检库和联合检修库不小于9m。

4）单体建筑物应尽量合并设计，减少单体建筑物的数量，实现集约化利用，降低能耗和维护成本。

(3) 站场线路设计。

1）两组相邻同向道岔连接的线路间距不小于4.5m。

2）停车库和联合检修库前道岔区（咽喉区）设计时应考虑路基横断面和站场雨水排水的要求。

3）试车线应为平直线路，困难条件下，可以在试车线端部设置曲线，曲线半径不小于800m。

(4) 出入线设计。

1）车辆基地与正线之间转换轨应设置在最外一组交叉渡线外方，转换轨坡度不大于5‰，竖曲线不得侵入转换轨。

2）出入线纵断面最大坡度不超过35‰。

3）出入线为地下线时，在出地面之前应设置反向坡，避免雨水进入隧道。

4）出入线U形槽应加设雨棚，减少汇水面积，减少汇入隧道内的雨水量。

5）出入线U形槽与路基分界点应设置在平面圆曲线和竖曲线的终点，同一个平面圆曲线和竖曲线应采用同样的路基形式。

b　场坪标高设计要求

场坪标高不应低于百年洪水位的标高。如果无法取得百年洪水位标高，场坪标高比周边道路标高高出0.5m。如果无法取得周边规划道路标高，可参考相邻工厂、小区等的标高，尽量实现挖填方平衡。

c　路基横断面设计要求

(1) 路基横断面一面坡股道数量为2~3条。

(2) 车辆基地初步设计阶段土石方工程量统计按照路基横断面90m间距设计，咽喉区和地质较复杂地段可适当加密。施工设计阶段按照30m间距设计。

d　室外雨水排水设计要求

(1) 车辆基地暴雨重现期采用5年，地面汇水时间为10min。

(2) 为减少室外雨水排水管沟的埋深，车辆基地可分成若干个雨水出口接入外部市政管线。雨水出口接入市政管线时，应采用管顶平接方式，困难条件下可采用管中心平接方式。

(3) 车辆基地室外雨水排水水流方向与外部市政管线水流方向相同，避免雨水回流。

(4) 出入线出洞口和U形槽终点应设置横向截水沟。

(5) 雨水管主干管最小管径不小于400mm。雨水箅子与主干管连接管管径不小于200mm。

e　道路设计要求

道路与轨道线路平交时，应垂直于轨道线路，困难情况下交角不应小于45°。

B　总图设计要求

(1) 车辆基地出入段线、试车线、洗车线、牵出线、镟轮线、咽喉区等地段两侧应设置安全护栏。

（2）运用库、检修库的地铁车辆进出大门应避免朝北设置。

（3）段内铁路平交道口的钢轨两侧用橡胶道口板填平。

（4）车辆基地应设置大型设备装卸场地，并应满足以下要求：

1）车辆基地应设置1条有效长度不小于100m的新车及其他大型设备装卸线。

2）装卸线周围地面强度应满足承受运输车辆轴重载荷要求。

3）车辆基地入口至大型设备装卸场地之间的公路运输线路应避免在接触网下方穿行，其宽度及曲线半径应满足大型运输车辆的转向要求。

4）吊装场地应能满足起吊机、运输车共同作业及车辆掉头转向要求。

（5）在咽喉区内，材料堆场与大型设备装卸场可以兼顾。

7.2.5.3 工艺设计要求

A 停车列检库工艺设计要求

（1）停车列检库的每条股道入库方向宜设置为列检列位。列检列位应设置检查坑。

（2）防止工作人员发生危险，停车列检库辅助间向库内开门必须设置护栏，门与护栏保持不少于2m间距，护栏满足车辆基地限界要求。

（3）停车列检库厂房柱边列位应设车体清扫、维护三层作业平台，下部采用明沟排水，并设置铁箅子。

（4）停车列检库厂房内车体热负荷较大，应考虑夏季通风降温需求。

B 月检库工艺设计要求

（1）月检库检修区应采用宽地沟、轨道桥的作业方式。

（2）月检库的功能要满足地铁车辆不落轮临修作业的需要。

（3）车辆检修台位车体一侧设三层作业平台，另一侧要能够满足电瓶叉车运送车下设备的需求。

（4）检修区车下作业场地应设置AC220V、380V、36V电源插座。

（5）三轨受电厂房应设1t单梁桥式起重机，接触网受电厂房应设专用空调吊装设备。

C 厂、架修库工艺设计要求

（1）厂、架修库工艺设计应标注立面作业需求，厂房轨顶标高应满足架车作业需要。

（2）厂、架修库根据工艺需要转向架调运配备10t双梁桥式起重机，其他车上设备的调运采用5t单梁起重机。

（3）车体检修台位应设置轨道内窄地沟作业，地沟内设置照明需求，并配置AC220V、380V、36V电源插座。

（4）车体检修台位长度应具备解体组装钩缓、推出地铁转向架、更换车体马鞍的作业条件。

（5）地铁车辆架修作业台位的地面，应满足移动式架车机的载荷需求。

（6）厂、架修库应根据车辆编组情况，配置整列转向架分解组装作业场地。轮对检修采用流水作业方式组织生产。

（7）地铁车辆轮对轴承应采用立体库，进行自动选配、存放、送达等作业。

D 临修库工艺设计要求

（1）建议临修库与架修库合建。当单独建设时，临修库厂房跨度不小于15m。

（2）临修线车体检修台位应设置单元整体架车设备，并满足快速更换转向架的需求。

（3）临修库根据工艺需要配备10t双梁桥式起重机。

（4）临修库配自行走转向架搬运小车。

（5）临修库设转向架、受电弓等配件存放场地。

（6）临修库的厂房高度应满足起吊汽车运输转向架的作业要求。

E　不落轮镟修库工艺设计要求

（1）不落轮镟修线应单独设库。若条件受限时，其两侧及镟床地坑周围均需设置安全护栏。

（2）不落轮镟修线镟床两端有效长度均应满足停放1列车和1辆公铁两用车的要求，且应分别增加10m的安全距离。

（3）镟床地坑应按2个镟床位设置，预留1个扩展位。

（4）不落轮镟修线（靠咽喉区一侧）距离镟床10m处应设置1架防护信号机。该信号机与库前信号机的间距应为1列车长度与10m安全距离的和。

（5）不落轮镟修库库顶结构缝应避开地坑位置设置，以避免库顶漏水损坏设备。

（6）不落轮镟床上方应安装1台起吊能力不小于2t的单梁起重机。起重机横向行程应满足将标准轮对起吊至附近地面的要求。

F　洗车库工艺设计要求

（1）洗车库的清洗水应循环利用。清洗废水应通过管网排入车辆基地污水处理站，禁止采用直排方式。

（2）洗车库前后轨道长度各预留1列车长度，并满足洗车线信号机的设置。

（3）洗车线所有沟槽应设置铁箅子。

（4）洗车线控制室门、通道应满足室内控制柜等装置的运输要求。

G　试车线工艺设计要求

（1）试车线的最短长度应满足列车从静止状态加速至车辆高运行速度，再延迟10s，然后采取常用制动至列车完全停止及两端各增加15m安全距离的长度要求，如图7-6所示，即

$$L = S_1 + S_2 + S_3 + L_{列} + 2 \times L_1$$

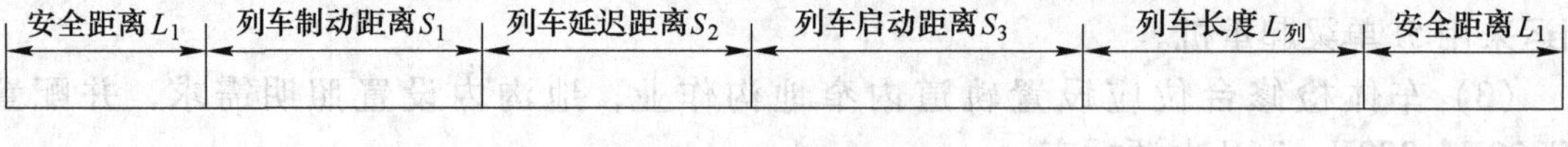

图7-6　试车线长度

（2）试车线应设车下检查地沟，沟内配AV220V、36V防水插座，试车设备用房应设在试车线地沟附近。

（3）为保证动调试车安全，试车线两端尽头50m不能有房屋等基础设施。

H　物资总库工艺设计要求

（1）物资总库应明确存放物质的种类，确定防火等级。对纸箱、棉纱、劳保用品、包装箱、氧气、乙炔、油脂、油漆等易燃易爆物品应严格管控，明确规定解决方案，建设必要的基础设施。

（2）物资总库消防管以下的有效净高应不小于 9m，以便于布置高层货架。

（3）物资总库应根据货物种类、大小配备立体智能仓库。

（4）物资总库内应采用金刚砂硬化耐磨地面。

（5）物资总库内应预留叉车、电瓶车等运输车辆的停放空间，并配设相应的充电插座。

（6）物资总库应设计更衣室，并配置洗手池和上下水系统，以满足库区清洁要求。

（7）物资总库的重型物资存放区应配设一台起吊能力不小于 10t 的起重机，以满足重型物资装卸要求。

（8）多层物资总库应安装专用货梯，以便物资搬运。

（9）物资总库内各库区出入口均应安装电动卷帘门，并满足叉车等运输车辆进出要求。

I 易燃品库工艺设计要求

（1）易燃品库的房间应单排设置，数量不少于 7 间，以满足氧气、乙炔、油脂、油漆等危险品分类存放的要求。

（2）易燃品库应采用防爆开关、防爆灯具、防爆轴流风机，并设置防雷接地端子、气体泄漏检测装置等电气设备，且均应接地处理。配电箱内应安装防浪涌保护器。

（3）易燃品库屋顶应加设隔热层，地面采用防火花水泥地面。各房间房门上方均应设置百叶窗；外墙采用向外开启式窗户，窗户下沿距离地面应不小于 2m，单个窗户玻璃面积应不大于 $1.5m^2$，窗户外侧应安装宽度不小于 0.8m 的遮雨棚。

（4）易燃品库外应设置上、下水系统，并配置长 2500mm、宽 1800mm、高 400mm 的消防砂池和长 500mm、宽 400mm、深 400mm 洗手池以及喷淋洗眼器等设施。

（5）易燃品库各房间及出入口应纳入视频监控范围，并在出入口处安装求助电话。

（6）易燃品库四周应设置高度不低于 3m 的围墙，并安装防雷钢网。

（7）易燃品库附近的消防值班室内应安装气体检漏装置的接收主机和求助电话的接警装置。

J 材料棚工艺设计要求

（1）材料棚跨度不小于 12m，并设 5t 单梁悬挂式起重机。门宽应不小于 3m，以满足电瓶车、叉车进出需求。

（2）材料棚内应设置照明，且预留电源插座。

7.2.5.4 设备系统设计要求

A 给排水设计要求

（1）车辆基地内应设置中水设施，但应优先利用城市中水。

（2）车辆基地内综合污水处理站的设置位置应综合考虑风向、室外污废水管线标高及与核心区之间的距离等因素，在尽量减少臭气对工作人员的影响的条件下，尽量减少污废水调节池的埋深。

（3）对于车辆基地的集中浴室宜优先采用太阳能热水系统，并考虑稳定的辅助热源。对于太阳能热水系统，应注意热水易结垢的问题，并应考虑设置高温排热装置。

（4）车辆基地各类大库内靠近进出车辆的库门处的消防给水管道应考虑一定的防冻

保温措施。

（5）各类大库内的消火栓在设置时，应充分考虑各股道放置车辆时对消火栓保护范围的影响。

（6）大屋面雨水排放采用虹吸雨水系统时，应注意虹吸雨水系统管道固定时与结构梁柱及屋面之间的关系，提前配合好固定安装的位置及载荷影响。

（7）对于上盖开发的车辆基地，如开发与车辆基地运营管理为不同单位时，应注意二者的系统设计尽量独立分开，二者在维护使用时尽量互不影响。

（8）对于车辆基地内雨水设计应注意与出入段线之间的雨水设计分界点，避免因遗漏造成出入线的洞口雨水泵房设计能力偏低的情况。

B 采暖及通风设计要求

（1）车辆基地大库采暖与生产供热设置。

大库采暖热水和生产供热一般来自市政热源或车辆基地内自建锅炉房。生产供热即使使用的热源参数一样，在使用时间、使用条件和系统压力平衡上也不是完全一致的，故建议各系统管道应在热力入口处分开设置。

（2）车辆基地大门空气幕设置。

大库经常出入机车的大门设置大门空气幕。空气幕的安装方式一般采用顶吹式和侧吹式两种。一般建议采用侧吹式，效果较好。与顶吹式比，侧吹的安全性更好。采用侧吹式时，要核查门垛宽度是否满足空气幕的安装空间。采用顶吹式时，要核查门上部空间是否满足空气幕的安装空间。

（3）车辆基地大库散热器采暖。

大库一般为高大空间，采用散热器采暖时，往往存在大库内温度不均匀的情况，建议采用局部采暖措施与散热器相结合的供暖方案。

C 动力照明设计要求

（1）运用库、检修库、综合楼等建筑内的值班室、运转班组、调度室内要设应急照明。

（2）信号楼的通信、信号用电与楼内的其他动力与照明用电应分别由变电所接引。通信、信号用电配电柜内不得接入其他负荷回路。

（3）各场合工艺用电的插座应选用工业连接器，并以插座箱的形式预留。

（4）当站场区周边有居民小区和其他民用建筑时，高杆灯应选用半圈灯，避免对周边环境造成光污染。

（5）室外路灯应采用三相配电，接地采用局部 TT 系统，回路开关设剩余电流保护器。

（6）在各单体建筑室外 3~5m 设电缆井，作为外线和单体建筑的接口。

（7）大型建筑的照明和动力应分别计量。

7.2.5.5 注意事项

车辆检修工艺要求应由车辆生产制造厂家提供，但车辆招标一般晚于车辆基地初步设计，甚至施工图设计阶段。在此情况下，初步设计阶段一般按照规范要求结合既有经验进行设计，这难免与车辆检修实际需求存在差异。特别是车辆牵引系统、制动系统的检测维修，往往需要系统供货商提供专用设备才能完成，有时供货商还要求设备必须返厂维修。因此，工艺设计应在车辆确定生产制造商后及时跟踪落实车辆检修需求，避免设计与实际需求不符，造成改造工程。如果在施工阶段仍未落实，对可能出现变更的检修设备应暂缓招标采购或供货，所需基础预留，待确定后再实施。

车辆基地选址一般较为偏僻，用地周边规划难于同期实施，车辆基地对外管线、道路等外部接口应结合规划建设时序充分考虑过渡期间解决方案。

7.3 检修基地设计案例

某城市轨道交通1号线线路全长36.626km，设车站28座，且均为地下站，平均站间距1.35km。全线设车辆段及综合维修基地一处，停车场两处。其中一期工程线路长约23km，设一段一场。1号线设置的车辆段同时承担未来2号线和3号线的厂、架修任务。

7.3.1 相关基础资料

相关基础资料如下：

（1）轨距：1435mm。

（2）正线数目：双线。

（3）车辆选型：6辆编组的铝合金A型车。

（4）授电方式：1500V接触网。

（5）速度：最高行车速度为80km/h；平均行车速度为35km/h。

（6）最小曲线半径：

1）正线：一般情况为350m，困难情况为300m。

2）车场线：一般情况为150m，困难情况为110m。

（7）最大坡度：

1）正线：一般情况不大于30‰，困难情况不大于35‰。

2）车场线：一般情况不大于35‰，困难情况不大于40‰。

（8）贯通运营行车交路：近期列出运行交路图如图7-7所示，远期列车运行交路图如图7-8所示。1号线高峰小时、全日开行列车对数及全年走行里程见表7-1。1~3号线车辆的修程和周期见表7-2。2、3号线的全年走行里程见表7-3。1~3号线的初近远期建设时序见表7-4。

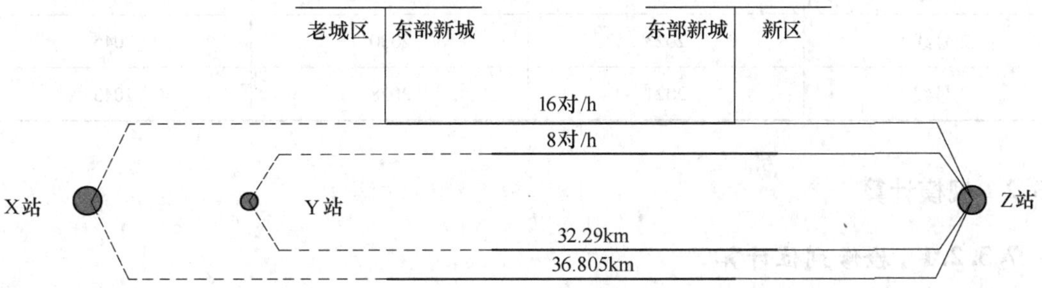

图7-7 近期列车运行交路图

图 7-8 远期列车运行交路图

表 7-1 1 号线高峰小时、全日开行列车对数及全年走行公里数

项 目	初 期	近 期	远 期
全日开行列车对数/对	172	190+28	224+34
高峰小时列车对数/对	12	16+8	18+9
每车全年走行里程/万公里	1740	3530	4330

表 7-2 车辆的修程和周期

检修种类	定检周期/万公里	定检周期/年	检修时间/天
厂修	120	10.00	35/32
架修	60	5.00	20/18
定修	15	1.50	8/6
月修	3	3 月	2/2

注：表中分子为近期天数，分母为远期天数。

表 7-3 2、3 号线全年走行公里数

项 目	初 期	近 期	远 期
2 号线每车全年走行公里/万公里	990	2940	6210
3 号线每车全年走行公里/万公里	1260	3870	4430

表 7-4 1~3 号线的初、近、远期建设年份

线 路	初 期	近 期	远 期
1 号线	2019	2026	2041
2 号线	2023	2030	2045
3 号线	2021	2028	2043

7.3.2 规模计算

7.3.2.1 检修列位计算

根据上述全日行车对数和定检周期、停修时间，确定 1 号线全年检修任务量和检修列位，见表 7-5。

表 7-5 1 号线年检修任务量及检修列位

项 目		初 期	近 期	远 期
每年每车走行里程/万公里		1740	3530	4330
全年检修任务量/列	厂修	—	4.87	5.96
	架修	—	4.87	5.96
	定修	15.26	29.20	35.77
	月检	233.95	447.69	548.42
日检修列位/列	厂修	—	0.78	0.88
	架修	—	0.45	0.49
	定修	0.59	1.07	1.03
	月检	2.15	4.30	5.26

根据 2 号线和 3 号线的全年走行里程，确定 2、3 号线全年检修任务量和检修列位，见表 7-6、表 7-7。

表 7-6 2 号线年检修任务量及检修列位

项 目		初 期	近 期	远 期
每年每车走行里程/万公里		990	2940	6210
全年检修任务量/列	厂修	—	4.08	8.63
	架修	—	4.08	8.63
	定修	8.25	24.50	51.75
	月检	127.88	375.67	793.50
日检修列位/列	厂修	—	0.66	1.27
	架修	—	0.38	0.70
	定修	0.32	0.94	1.49
	月检	1.23	3.61	7.62

表 7-7 3 号线年检修任务量及检修列位

项 目		初 期	近 期	远 期
每年每车走行里程/万公里		1260	3870	4430
全年检修任务量/列	厂修	—	5.38	6.15
	架修	—	5.38	6.15
	定修	10.50	32.25	36.92
	月检	162.75	494.50	566.06
日检修列位/列	厂修	—	0.87	0.91
	架修	—	0.49	0.51
	定修	0.40	1.24	1.06
	月检	1.56	4.75	5.43

1 号线配属车辆厂、架修近期合计为 1.23 列，远期为 1.37 列；2 号线配属车辆厂、

架修近期合计为1.04列，远期为1.97列；3号线配属车辆厂、架修近期合计为1.36列，远期为1.42列。故1~3号线配属车辆厂、架修近期总计为3.63列，远期总计为4.76列。但考虑1~3号线二期工程的建设时间均存在一定的未知因素，以及从节约投资的角度考虑，建议车辆基地一期工程厂、架修列位取3列，预留远期厂、架修2个列位。

7.3.2.2 全线配属车辆计算

全线配属车辆见表7-8。

表7-8 全线配属车辆 列

项目	初期		近期		远期	
	计算	设计	计算	设计	计算	设计
运用	18.81	19	51.41	52	58.57	59
备用	1.9	3	5.2	6	2.93	3
小计	20.9	21	56.61	58	61.5	62
检修	2.86	3	6.6	7	7.66	8
配属		25		65		70

注：初、近期的备用车数量按照运用车数量的10%计取，远期按5%计取。

本设计根据系统规模预留能够实现的远景列车运行交路图（大交路30对/h）计算得出远景规模：运用车为66列，备用车为4列，检修车为8列，故总配属车为78列。

7.3.2.3 车辆基地任务分配

根据该城市轨道交通线网规划并结合各车辆基地的用地条件，对1号线列车运用及检修任务进行分配，见表7-9。

表7-9 任务分配 列位

段、场	期限	厂、架修	定修	临修	月检	静调	洗车	不落轮	停车列检	配属车
一期车辆段	初期	3	1	1	4	1	1	1	40	19
	近期	3	1	1	4	1	1	1	40	42
	远期	5	1	1	4	1	1	1	40	43
一期停车场	初期	—	—	—	—	—	—	—	12	6
	近期	—	—	—	—	—	—	—	12	12
	远期	—	—	—	—	—	—	—	12	12
预留停车场	初期	—	—	—	—	—	—	—	—	—
	近期	—	—	—	2	—	1	—	10	11
	远期	—	—	—	2	—	1	—	16	15

注：考虑一期工程的停车场用地条件的限制以及环评报告要求该车辆基地不允许设置洗车作业，故该停车场的规模近、远期均为12列位。

车辆段的近、远期配属车辆相差不大（1列），减除检修车的数量，近、远期停车数量均为39列。本设计停车列检库按40列规模一次建成设计。而月检近、远期规模基本相同，同时考虑远期扩建困难，按近期一次建成设计。

二期工程预留的停车场根据系统规模将预留能够实现的远景列车运行交路的条件，故其配属车辆将达到23列，实现1号线全线配属车辆远景总规模车为78列。

7.3.3 主要工艺流程

车辆运用整备作业流程如图 7-9 所示。

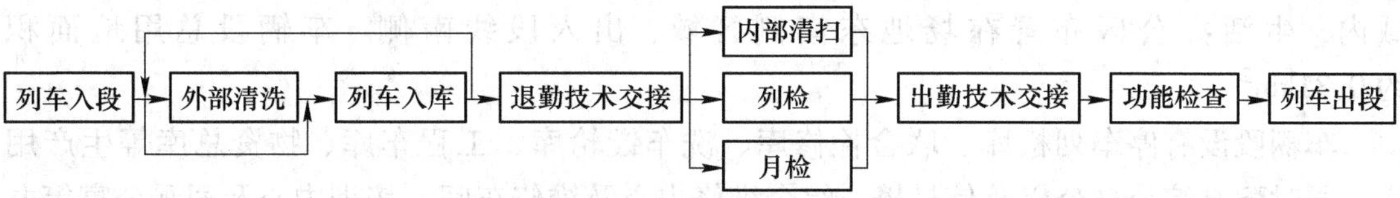

图 7-9 车辆运用整备作业流程

车辆检修作业流程如图 7-10 所示。

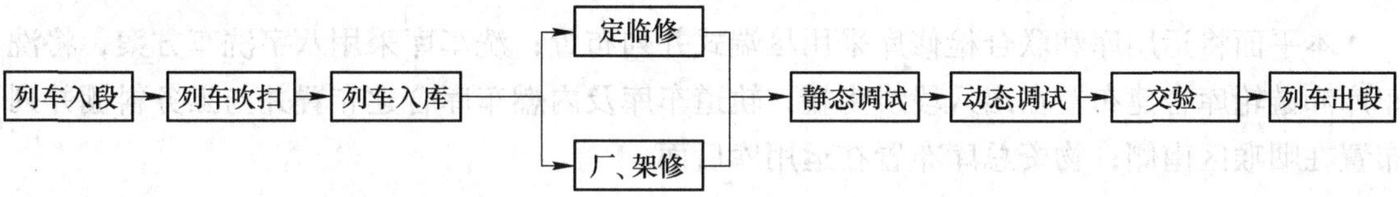

图 7-10 车辆检修作业流程

厂、架修作业流程如图 7-11 所示。

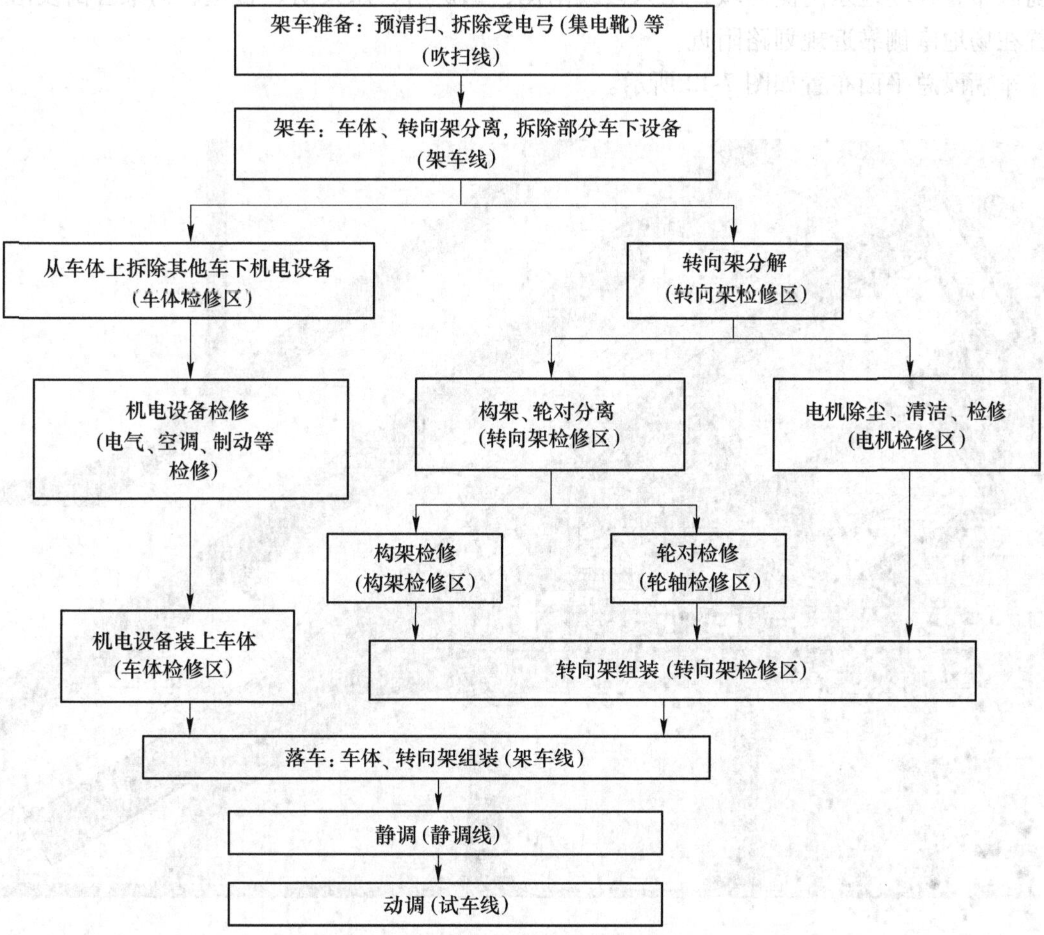

图 7-11 厂、架修作业流程

7.3.4 总平面布局

依据用地范围及地块与正线、周边规划道路的位置关系，将生产区布置在场地西侧区域内，生活办公区布置在场地东南侧区域、出入段线南侧。车辆段总用地面积约 0.31km²。

车辆段设有停车列检库、联合检修库、洗车镟轮库、工程车库、物资总库等生产用房，同时配有综合办公楼及信号楼，综合维修中心及维修车间、培训中心及司乘公寓等办公用房。

7.3.4.1 生产用房的布置

本平面将运用库和联合检修库采用尽端式并列布置；洗车库采用八字洗车方案，将洗车库和镟轮库合建布置在出入段线南端；轨道车库及内燃车库合建布置并与工务料棚并列布置在咽喉区南侧；物资总库布置在运用库后面。

7.3.4.2 生活办公用房的布置

本平面将综合办公楼（含信号楼）、培训中心、综合维修中心、混合变电所等组合成场前区布置在场地东南侧区域，出入段线南侧；锅炉房、水泵房、食堂、司乘公寓及浴室布置在场地南侧靠近规划路附近。

车辆段总平面布置如图 7-12 所示。

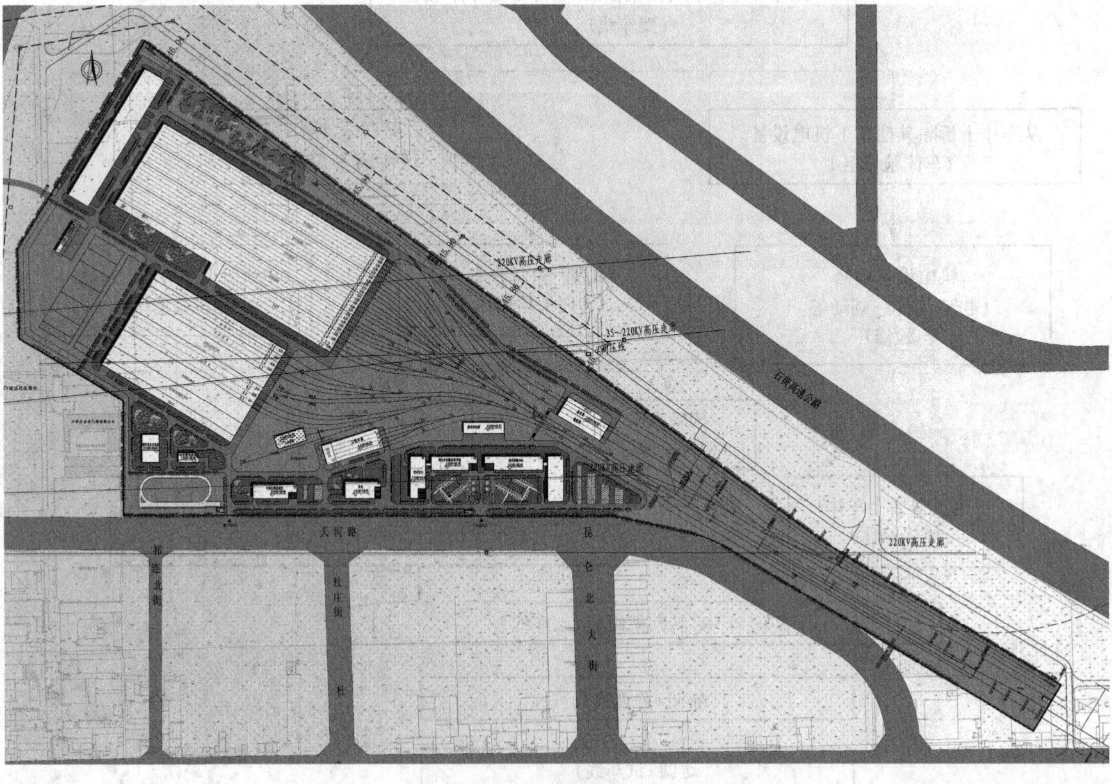

图 7-12　车辆段总平面布置

7.3.5 车辆基地主要运用及检修设施工艺设计

7.3.5.1 运用库

运用库主要包括停车列检库、月检库及生产生活辅助用房。

A 停车列检库

a 任务及工作范围

(1) 承担本段部分配属车辆的停放、运用、整备工作。

(2) 承担本段部分配属运用车辆的功能检查、技术检查和一般性故障处理。

b 设计原则

(1) 采用1线2列位 (6编组) 尽端式布置，按远期规模一次建设20股道，共停车40列位。

(2) 设置检查坑的股道占总股道的50%。

(3) 接触网导线进库，列车自行进出，但需设置隔离开关盒警示标志。

(4) 库内每股道对应司机室门地方设置司机登车梯。

c 车间组成

本次设计停车列检库按照远期规模一次建成，由4个27m跨组成，库长322m。

每跨厂房内设置5股道，每股道布置2个列位，共计40个停车列位，线间距由南向北依次为 3.5m—5.0m—5.0m—5.0m—5.0m—3.5m、3.5m—5.0m—5.0m—5.0m—5.0m—3.5m、3.5m—5.0m—5.0m—5.0m—5.0m—3.5m、3.5m—5.0m—5.0m—5.0m—5.0m—3.5m。

停车列检库入库端一列位作为列检列位，每股道设置柱式检查坑，两侧地坪标高均为-1.0m。检修坑长度为156m，宽度为1.2m，深度为-1.4m (轨顶标高±0.00)。检查坑内设足够的照明、电源插座和排水设施。后一列位作为停车列位，不设检查坑，每股道两侧地坪标高均为-0.22m (轨顶标高±0.00)。

停车列检库每股道均要求架设接触网入库，而且每股道单独装有分段隔离开关及其联锁装置及标志灯，以确保工作人员安全。库内设机械通风、上下水设施、广播和时钟系统，库内人员与车辆段运转值班人员的联络采用无线对讲设备。

库大门前后及两列位之间的消防道地面标高为±0.00m。

d 主要设备选型

停车列检库配备的主要设备为固定登车梯、吸尘器、列检工具、仪器等。

B 月检库

a 任务及工作范围

承担本段配属车辆的月检任务。

b 设计原则

(1) 每股道均铺设接触网入库。

(2) 设置4列位的月检线，每股道一列位。

(3) 月检库内轨道设置柱式检查坑，检查坑底标高为-1.4m，宽为1.2m，检查坑内设足够的照明、电源插座和排水设施，两侧地坪标高为-1.0m。4条月检线中间设置两处三层作业平台，以车辆走行轨顶面标高为±0.00，首层作业面（地面）标高为-1.0m，第二层作业面（中间平台）标高为+1.1m，第三层作业面（顶层平台）标高为+3.5m，无检修平台侧设安全防护网。三层作业平台设置有供风、水点及照明、插座等设施，两边设防护网。

（4）在月检库两侧柱子轴线合适位置设置静调电源柜，保证每个电源柜能够兼顾临近的两股道，使月检的电客车辆不用转换股道就能实现静调功能。

c 车间组成

月检库为27m跨，长度为163m，贴建于列检库的南部，设有4股道，股道间距分别为4.5m—6.0m—6.0m—6.0m—4.5m。

d 作业内容

对车钩及连接管路、客室座椅、受流器、制动电阻、主控制器、空调单元、VVVF变流器、辅助电源系统、牵引电动机、齿轮箱、联轴节、空压机单元进行清洁和重点检查、检测，并对车钩、客室车门等部件进行注油润滑；列车月检后对其进行静调。

e 主要设备选型

月检库的主要设备有三层作业平台、月检工器具等。

C 辅助间

运用库的辅助间设置在月检库尾端，贴建于停车库的南侧，是跨度为9m的两层生产生活辅助用房。根据运用需要，辅助间分别设置通信设备室、调度室、司机出乘排班室、材料库房、列检班组、月检班组及各类办公室、会议室及更衣室等。

另外将车辆基地第二变电所——追随变电所贴建在生产生活辅助间的南侧、月检库的西侧。

7.3.5.2 联合检修库

联合检修库为近期建设6跨联合厂房，长186.5m，宽132m，由北向南依次由吹扫库、静调库、定临修库、车辆设备检间、厂/架修库、转向架轮对检修库、辅助间等房屋组成，如图7-13所示。在联合检修库西侧预留可实现2列位厂、架修能力的车体检修台位。

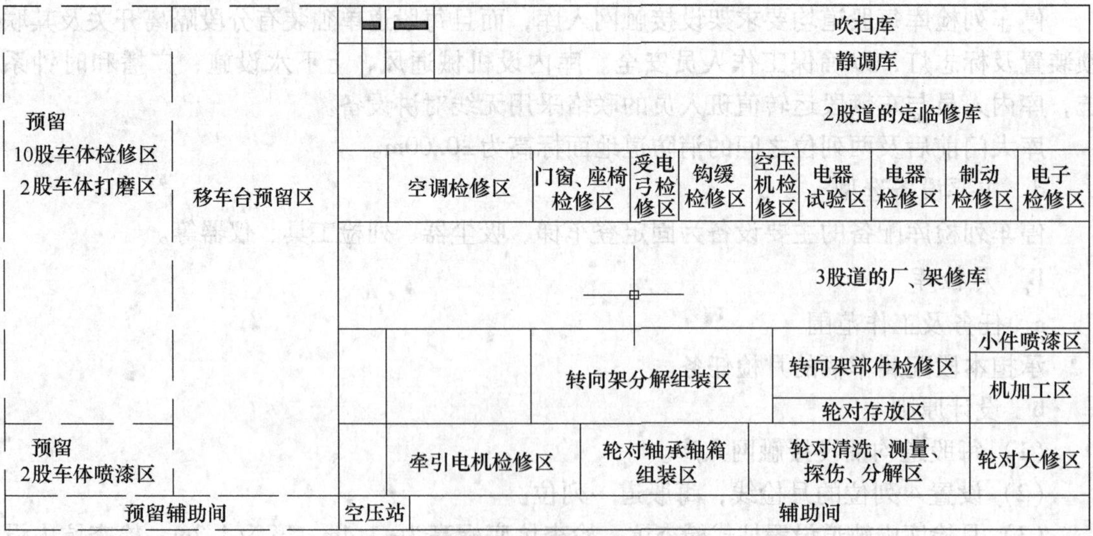

图7-13 联合检修库

近期建设的厂、架修库为 3 线库，长 186.5m，宽 27m，线间距由北向南为 5.3m—8.2m—8.2m—5.3m，可满足近期 1~3 号线的厂、架修检修需求；预留的厂、架修车间为 132m×42m，可设置大于 12 个车体检修和组装台位，同时设置 2 个车体喷漆台位；各台位通过移车台实现列车解编后的车体内部之间及与近期建设的各股道之间灵活周转。移车台与近期建设厂房的间距为 10m，与西面预留的车体检修厂房的间距为 6m。

吹扫库和静调库均为单线库，长 186.5m，宽 9m。

定临修库为两线库，长 186.5m，宽 18m，线间距由北向南为 5.5m—7m—5.5m。

车辆设备检修库为厂、架修库的辅助库，长 186.5m，宽 18m，由空调检修区、门窗和座椅检修区、受电弓检修区、钩缓检修区、空压机检修区、电器试验区、电器检修区、制动检修区、电子检修区组成。厂、架修库分解下来的车辆设备，如空调、受电弓，运送到北面邻近的车辆设备检修库内。转向架通过库线末端的转盘运送到南面邻近的转向架检修库，工艺流程顺畅。

转向架轮轴检修库由 2 跨组成，一跨长 186.5m，宽 24m，另一跨长 186.5m，宽 18m。在 18m 跨的西部为牵引电机检修区，牵引电机从转向架上拆卸下来后通过轨道平车运送到邻近的 18m 跨的牵引电机检修区，运送距离短。在 24m 跨的东部为机加工区，机加工区为车辆专业和综合维修中心内各专业共用。

A 吹扫库

a 任务及工作范围

吹扫库承担厂修、架修、定修和部分临修列车检修前的车底、车顶和客室的吹扫工作。

b 设计原则

（1）车辆采用整列入库、定位吹扫的作业方式。

（2）吹扫列位设柱式检查坑，两侧设三层作业平台。

c 车间组成

吹扫库与静调库同处一 18m 跨内，在联合检修库的最北边。吹扫库宽度为 9m，长度为 186.5m。在吹扫库和静调库的西部设一 24m 长的双层辅助间。下层设蓄电池检修间、空压机试验间、配电间、卫生间；二层设静调班组、吹扫班组和保洁班组。

d 主要设备

主要配备 1 套三层作业平台和一套车底吹扫设备。

B 静调库

a 任务及工作范围

承担车辆检修后的静调试验。

b 设计原则

（1）列车静调作业分单元车试验和整列车调试两步进行。

（2）静调采用静调电源供电。

（3）轨道两侧设宽地坑，内侧设柱式检查坑。

（4）设二三层作业平台。

c 车间组成

静调库与吹扫库同处一 18m 跨内，中间由通高的墙隔开，宽度为 9m，长度为186.5m。

d 作业内容

（1）单元车调试。

1）一般检查：检查车辆各开关位置、导线连接、车辆的连挂及箱体的安装是否正确无误。

2）线路测试：在未通电情况下，对有关设备、蓄电池组、接地电阻等进行测试，检测各处零线是否接好，各断路器、熔断器状态是否正常。

3）通电调试：从静调电源柜接入直流电源，分别对照明线、各系统控制回路、辅助系统、报警系统、保护系统、故障显示系统、空调系统等进行检测调试。

（2）整列车调试。经单元静调合格后，对整列列车主回路、牵引系统进行检测确认合格后，出库上试车线进行列车动态调试。

e 主要设备

静调库里主要配备了一套二三层作业平台和一套限界框。

C 定临修库

a 任务及工作范围

承担1号线车辆的定修任务及1号线车辆临时故障处理工作。

b 设计原则

（1）库内不设接触网，地铁车辆由内燃机车或公铁两用车牵引入库。

（2）定修轨道内侧设壁式检查坑，轨道外侧设架车重载地面。

（3）临修线设置1线6列位的固定式架车机。

c 车间组成

定临修库紧贴建于静调库的南侧，18m跨，线间距从北向南为5.5m—7m—5.5m，长度为186.5m。

d 作业内容

定修主要对重点部分如走行部分、受电弓、电气控制系统、牵引、制动等的部件进行检查、修理、测试，对单元空调各部进行清洗或清扫、检查，并对空调各电器元件进行测试。修后对车辆进行静、动态调试。

临修的主要检修内容是对车辆某些部件在没到修程的时候，通过检测发现损坏，进行临时性的修理。

e 工艺流程

车辆在吹扫库全面清洁—入定临修库—部件分解下车—系统测试—检修、更换—组装—入静调库静调—列车上试车线动调—验收、交车—洗车库外部洗刷—入停车列检库待班

f 主要设备

定临修库配备一套6编组的固定式架车机组，两台10t的双梁桥式起重机和两台转盘。

D 厂架修库

a 任务及工作范围

承担地铁1~3号线地铁车辆的厂、架修。

b 设计原则

（1）采用转向架等关键设备互换维修、其余部件现状维修相结合的方式。

(2) 库内不设接触网，地铁车辆由内燃机车或公铁两用车牵引入库。

(3) 厂、架修采用移动式架车机的股道，轨道内侧设壁式检查坑，轨道外侧设架车重载地面。

(4) 预留2股道的厂架修能力。

c 车间组成

厂、架修库为联合检修库中部的27m跨。27m跨由3股道组成，线间距从北向南为5.3m—8.2m—8.2m—5.3m。厂房长186.5m。

厂、架修库的北部紧邻车上部件检修车间，南部紧邻转向架检修区。

厂房每股道的尾部设置转向架转盘，转向架通过转盘运送到转向架车间。

d 作业内容

厂修是将车辆全部解体，对转向架、车体等进行测量与整形；对所有部件全部进行分解、修理和试验，使其完全恢复技术性能；对车辆重新进行油漆标记。厂修应以配件互换为基础；对重新组装后的车辆进行静、动态调试。

架修主要是对转向架、牵引电机、受电弓、制动系统、车钩缓冲装置、车门、各种电气控制装置、单元空调等部件进行分解、检查、修理、互换、试验；对仪器仪表进行校验；对车体及其余部件的技术状态进行检查修理；对车辆重新进行油漆标记；重新组装后对车辆进行静、动态调试。

e 工艺流程

为描述方便，按列车进库次序把六节车定义为1、2、3、4、5、6节车。

同时架起6节电客列车更换转向架→分解开第1、2节车连接（包括贯通道、车钩连接、电气连接）→牵引车牵引第6节车使1、2节分开→反复前面动作直到把所有的车分开→卸下车钩等部件→装上修好的车钩等部件→用牵引车依次将6节车连挂→连接好各车部件。

f 主要设备

厂、架修库配备2台10t、25.5m的双梁桥式起重机和1套6编组的移动式架车机。

E 转向架、轮轴检修间

a 任务及工作范围

转向架及轮轴检修间承担配属车辆的转向架冲洗、分解、检修、组装、试验作业。

b 设计原则

(1) 转向架检修采用流水作业方式。

(2) 转向架及其零部件的清洗均在设置的集中清洗房内进行。

(3) 轮轴的相关厂修设备按后期预留考虑。

(4) 轴承检修间按后期预留或委外检修考虑。

c 车间组成

转向架轮轴检修间贴建于厂、架修库南部。占2跨，1个为24m跨，1个为18m跨。转向架通过转向架转盘由厂、架修库的西端送入转向架检修区。转向架检修区大概150m长，与24m跨内的机加工区通过道路隔开，机加工区的北侧为6m宽、24m长的转向架构架喷漆间。

转向架检修区内北侧股道为转向架分解线，南侧为转向架组装线。两股线之间的线间距为17m，在两股线中间的西侧设2股长约35m的转向架存放线和2股长约20m的转向架存放线。存放线东侧依次为转向架构架存放区、构架检修区、转向架部件检修区。

轮对分解组装区位于24m跨南侧的18m跨。18m跨里的布局由西往东依次为长约54m的牵引电机检修间（牵引电机通过蓄电池轨道平车过跨运输），长约30m的轮对轴承轴箱组装间，长约60m的轮对拆卸、组装、探伤、试验、加工区和通过道路相隔的大约32m长的轮轴加工检修区。轮轴加工检修区由齿轮箱的清洗探伤检测、轴箱的清洗探伤检测、车轴和车轮的粗精加工区组成。

d 工艺流程

牵引电机拆卸—转向架冲洗—转向架大分解—轴箱轮对分解—各部件清洗、探伤、检测、修理（轴箱、轴承冲洗、轮对冲洗、轮对探伤、轮轴、齿轮箱退装、齿轮箱、轴箱检修、车轮加工）—各部件组装—轮对跑合试验—转向架总组装—转向架静载试验—转向架交验存放

e 主要设备

转向架轮对检修间的主要设备有：2台10t、22.5m的双梁桥式起重机，1台2t、22.5m的单梁桥式起重机，1台2t、16.5m的单梁桥式起重机。转向架静载试验台、数控车轮车床、轮对轴承跑合试验台、轮对拆卸机、轮对组装机和一些清洗探伤的设备等。

F 电机检修间

a 任务及工作范围

承担在车辆基地进行厂、架修、临修的地铁车辆的牵引电机和辅助电机的吹扫、检查、分解、检修、组装试验作业，并承担定修及临修中故障电机的修理任务。

b 设计原则

（1）采用现车修与部件互换修相结合的检修方式。

（2）设置电机吹扫小室，改善检修作业条件。

c 车间位置

牵引电机检修间位于转向架分解区南侧一18m跨的东端，长约54m。

d 作业内容

（1）检修前的清洁：电机吹扫、清洗、干燥。

（2）分解前的检查：包括外观检查、空载试验、测量绝缘电阻。

（3）分解：拆卸端盖、风扇、小齿轮、轴承、吊转子。

（4）定子检修：探伤、检查、测量绝缘电阻。

（5）转子检修：检查、测量绝缘电阻。

（6）轴承检修：送轴承间清洗、检查、选配。

（7）其他部件检修：端盖、油封、机座、风扇清洁、检修。

（8）组装及试验：电机组装、牵引电机的空载试验、辅助电机的负载及特性试验。

e 工艺流程

吹扫—分解—清洗（干燥）—检测—检修—更换—组装—试验—交验

f 主要设备

主要设备有牵引电机和辅助电机的试验台、电机的清洗吹扫设备。

G　电器检修间

a　任务及工作范围

电器设备检修间承担地铁车辆各电器部件的架修、定修、临修任务，包括解体、清洗、检验、更换、修理、组装调试和试验工作。

b　设计原则

（1）由于该部分维修修程未定，电器检修工艺暂参照国内同类设备检修工艺考虑。

（2）逆变器电子控制部件由电子检修间承担。

c　车间组成

电器检修间位于厂、架修厂房的北部的18m跨。此跨从东往西依次为电子检修区、制动检修区、电器试验检修区、空压机检修区、钩缓检修区、受电弓检修区、门窗和座椅与风挡检修区、空调检修区。

其中电器试验检修区约36m长。

d　作业内容

对于定架厂修车辆，电器、逆变器从车辆上拆下后，送至本车间，分解、清洗、测试、检修、试验、组装、上车。

e　工艺流程

电器、逆变器（元）部件的工艺流程为：吹扫—分解—检测—检修—更换—组装—试验—交验。

f　主要设备

主要设备有1台2t电动单梁桥式起重机、清洗干燥设备、高速断路器试验台、电器吹扫设备等。

由于没有和车辆厂家配合，因此具体的电器试验检修设备还不能确定。

H　电子检修间

a　任务及工作范围

负责地铁车辆用于控制、检测、保护、报警等弱电系统的电子部件的检修试验任务。

b　设计原则

（1）厂、架修车的电子部件采用互换修的作业方式。

（2）电子检修间应设防静电设施。

c　车间位置

电子检修间位于厂、架修厂房的北部18m跨内，且在这一跨的最东侧，长约18m。

d　作业内容

作业内容包括车辆的电子（元）部件下车、清洁、分解、检修、测试、干燥、组装等以及进行性能测试。

e　主要设备

电子检修间主要设备有列车广播试验台、电子线路测试台、半导体元件测试台、信号发生器、频率计、示波器等设备。

I　钩缓检修

a　任务及工作范围

负责地铁车辆车钩、缓冲器的检查、分解、探伤、修理、组装、试验工作。

b 设计原则

车辆钩缓检修采用现车修方式。

c 车间位置

钩缓检修间位于厂、架修厂房的北部 18m 跨内，长约 18m。

d 作业内容

厂、架修及临修车辆车钩和缓冲器下车、清洗、分解、探伤、检修、组装、试验任务。

e 主要设备

主要设备有一台 2t 的电动单梁桥式起重机、车钩缓冲器试验台等。

J 空调检修间

a 任务及工作范围

承担本线配属车辆厂、架、临修车辆空调的检修作业。

b 设计原则

因车辆空调生产厂家未定，其检修工艺暂参照国内同类设备检修工艺考虑。

c 车间位置

空调检修间位于厂、架修厂房的北部一 18m 跨内，长约 36m。

d 作业内容

对厂、架修及部分临修车辆空调装置的压缩机、冷凝器、蒸发器、回风装置等部件进行清洗测试、检修，对整机进行试验。

e 工艺流程

空调机组落车—送检修间—吹扫—分解—清扫—检测—修理、更换—干燥—组装—试验—验交

f 主要设备

空调检修间主要设备有 2t 电动单梁起重机、空调机组整体性能试验设备、空调冷媒体充放装置等。

K 门窗、座椅、风挡检修区

a 任务及工作范围

承担在本车辆基地进行的厂、架、临修地铁车辆车门、窗、座椅及风挡的检修作业。

b 设计原则

(1) 车门按电动内藏门检修工艺考虑。

(2) 车门、窗、座椅、风挡采用现车维修与互换维修相结合方式。

c 车间位置

门窗、座椅、风挡检修区位于厂、架修厂房的北部一 18m 跨内，长约 24m。

d 作业内容

(1) 对车门、车窗、座椅、风挡进行检查、修理及更换。

(2) 对损坏、变形的车门、窗、座椅进行分解、焊修、更换、油漆、组装。

(3) 对地板局部损坏的，进行现车局部挖补修复。

(4) 对车门控制及执行机构，按照修程及作业范围进行检查、修理作业。

(5) 对车内扶手杆等其他设备进行检查及更换。

e 主要设备

主要设备有电动门试验装置、车门工作台、焊机等。

L 制动检修间

a 任务及工作范围

主要负责地铁车辆制动系统各种阀类、制动软管、高度调整阀、差压阀和制动机的分解、检修、组装、试验工作。

b 设计原则

(1) 制动机及阀类部件的检修修程内容应以车辆制造厂提供的车辆使用说明书维护要求为准。

(2) 制动机微机控制部分的检修由电子检修间承担。

(3) 制动机装置采用现车维修与互换维修相结合的方式。

c 车间位置

制动检修间位于厂、架修厂房的北部一 18m 跨内，长约 18m。

d 作业内容

按各修程检修范围对制动机、风动系统各种阀类、软管进行检查、分解、清洗、检修、更换、组装、试验，使其达到相应检修规程的要求。

e 工艺流程

制动机的工艺流程为：分解—清洗（吹扫）—检测—检修（更换）—组装—试验—交验。

f 主要设备

主要设备有 1t 的组合式自立起重机、单元制动器试验台、高度阀试验台等。

M 空压机检修间

a 任务及工作范围

承担本车辆基地厂、架、临修车辆空压机检修作业。

b 设计原则

空压机装置采用现车维修与互换维修相结合的方式。

c 车间位置

空压机检修间位于厂、架修厂房的北部，在 18m 跨内，长约 12m。由于空压机试验的噪声大，因此在吹扫静调库的西侧设一间长约 7m、宽 6m 的空压机试验间。

d 作业内容

对由车上分解下来的空压机按不同修程进行分解、清洗、检查、探伤、修理和部件互换、试验作业。

e 工艺流程

空压机的工艺流程为：分解—清洗—检测—探伤—检修—更换—组装—试验—交验。

f 主要设备

主要设备有空压机试验台、清洗干燥设备。

N 受电弓检修间

a 任务及工作范围

承担在本车辆基地进行厂修、架修、定修、临修车辆受电弓的检查。

b 设计原则

受电弓进行现件维修。

c 车间位置

受电弓检修区位于厂架修跨的北侧，在18m跨内，长12m左右。

d 作业内容

对受电弓进行分解、清洗、检修、调整、组装等。

e 主要设备

主要设备有2t的电动单梁起重机和受电弓试验设备等。

O 机修车间

a 任务及工作范围

（1）承担本线及2、3号线配属车辆定厂、架、临修机械零部件的加工、修理。

（2）承担车辆基地内其他机械设备、起重运输设备、动力设备、管路设施的日常维修和小修。

（3）承担全段非标设备的小修和中修。

b 设计原则

（1）车辆基地机加工、电力维修、管道维修等作业委托综合维修中心机电车间完成，不再配备相关维修设备，本车间只承担巡检的任务。

（2）车辆基地标准机械设备的中修和大修等工作外协。

（3）车辆基地专用机械设备、起重运输设备、动力设备、管路设施的中修和大修等工作外协。

（4）车辆基地非标设备的大修外协。

（5）车间所需的各种铸件、锻件、热处理件等外协；各种齿轮加工外协。

（6）各种仪器、仪表、量具的检修和校验等工作由仪表间负责。

（7）车辆基地内较大型设备的日常维护、保养和小修一般以原安装地点进行检修为主，对一些要修理的零件或部件可在车间进行。

（8）车辆基地的设备维修车间和综合维修中心的设备维修合设。

c 车间位置

机加车间位于联合检修库厂架修库南侧一个24m跨内，长30m。

d 作业内容

主要负责车辆基地内固定机械设备、电气设备、动力管线的日常巡检等工作。

e 主要设备

主要设备有牛头刨床、车床、钻床等机加设备。

P 蓄电池间

a 任务及工作范围

承担本段厂、架、临修车辆的蓄电池箱。

b 设计原则

（1）工程车、蓄电池叉车的蓄电池返厂维修。

（2）根据目前对其他线的地铁车辆的了解，蓄电池是免维护的，所以蓄电池间只对蓄电池进行三充两放的维护。

c 车间位置

蓄电池检修间位于吹扫库静调库的最西端，长 6m，宽 18m。

d 工艺流程

（1）分解：拆下连接条，分解成单体。

（2）检查清洗：外观检查、外部清洗、箱体检修。

（3）充放电：联成蓄电池组，视情况单充电或三充两放。

（4）整修：检查液面、机柱表面涂凡士林、测量绝缘。

e 主要设备

主要设备为蓄电池充放电机。

Q 空压机间

a 任务及工作范围

承担车辆基地联合检修生产、试验、吹扫用气供应工作。

b 设计原则

（1）空压机供气是满足联合检修库普通用气需求，制动设备的试验用气采用移动式空压机。

（2）空压机在满足联合检修库全局布局的要求下，尽可能地靠近用气负荷。

c 车间位置

蓄电池检修间位于联合检修库辅助间内，辅助间的最西侧，长 18m。

d 主要设备

空压机间配备 2 台 $6m^3/min$、0.85MPa 的空压机和 $2m^3$ 的储气罐和一些干燥除尘的辅助设备。

R 仪器仪表间

a 任务及工作范围

对车辆电气仪表、速度表、压力表、温度表、风表等进行清洁、干燥、校验、维修等工作；对零部件进行机械修理；对机车、轨道车的各种仪表进行的相应检修工作。

b 设计原则

仪表间使用的标准仪表的校验由计量室负责。

c 车间位置

仪器仪表间位于联合检修库辅助间内，长 12m。

S 车体检修车间

a 任务及工作范围

承担厂修车辆车体的打磨喷漆工作。

b 设计原则

（1）车体表面处理设备、移车台、车体喷漆设备远期预留，厂修前安装调试完成。

（2）车体检修间远期预留。

c 车间组成

移车台位于联合检修库西部，长 132m，宽 30m，移车台西部为车体检修间。移车台东面与联合检修库中间设有 12m 通道，西面与车体检修间中间设有 6m 通道。车体检修间设12股道，车体检修间长105m，宽36m。车体检修间的南侧2股道设置为车体喷漆间，车体喷漆间根据厂修车体的表面处理修程需要，在二期工程建设，同时实施配移车台的相关配套设施。

d　主要设备

主要设备有移车台、车体表面处理设备及车体喷漆设备。

7.3.5.3　工程车库

a　任务及工作范围

内燃调机负责检修车辆调车作业及事故救援；内燃机车库为内燃机车运用、存放、检查、故障处理服务。

轨道工程车负责线路维护；轨道工程车库为轨道工程车、轨道平车的运用、存放、整备及日常维护保养、故障处理服务。

b　设计原则

（1）车辆基地设置4台重型轨道车、2台轨道平车、2台轨道携吊平车、1台轨道检测车、1台轨道打磨车、1台接触网检测车等。

（2）工程车库按尽端式考虑。

（3）内燃机车的燃油补充作业由社会协作供应。

c　车间组成

工程车库库长72m，跨度为24m。其中60m长为轨道车存放、检修场地，12m为两层结构的生产、生活辅助用房。

工程车库设置4股线，从南向北南侧的线间距为7.0m—5.0m—5.0m—7.0m。其中2股线设置壁式检查坑，长度为52m，宽度为1.2m，深度为-1.4m（轨顶标高±0.00）。检查坑内设照明、电源插座和排水设施。在设置有检查坑的1股道上配备有1个台位的移动式架车机。

车库尾端局部两层结构的生产、生活辅助用房，主要包括救援车库、充电间、材料库及办公室等辅助房间。

d　主要设备

工程车库内设置1台3t的单梁起重机，轨顶标高为7.2m；设置1套可起架内燃调机的移动式架车机；配备自动恒流恒压充放电机2台。

7.3.5.4　洗车库和镟轮库

A　洗车库

a　任务及工作范围

定期进行外皮洗刷，以保证列车外部清洁。

b　设计原则

（1）洗车库按咽喉区八字洗车设计。

（2）洗车时列车自行进出库。

（3）运用车洗刷周期按春夏秋按列车2天洗刷1次考虑，冬天按7天洗刷一次考虑。

c　车间组成

洗车库与镟轮库合建，与咽喉区平行设置，洗车库长60m、宽9m，在洗车库主跨的北侧设宽5m、长48m的辅助间，辅助间从西往东依次为值班室、控制室、洗车辅助设备室、电缆引入间通讯设备室、工具间和储备间。

d 工艺流程

进段—列车识别—预冷/预热—洗涤剂预湿涂抹—折返—前端面刷洗—侧顶弧面刷洗—顶面刷洗—循环水初冲洗—循环水终刷洗—清水终冲洗—后端面刷洗—强力吹脱风幕—高温吹脱风幕—驶入停车库

e 主要设备

主要设备为整套列车自动清洗设备。

B 镟轮库

a 任务及工作范围

在没有达到检修周期时，当个别车辆出现车轮轮缘偏磨、踏面擦伤等现象，可以在列车不解体的情况下及时进行处理。

b 设计原则

(1) 镟轮库采用尽端式，线路长度满足不落轮镟轮设备前后各有1列车长。

(2) 使用公铁两用车牵入牵出。

c 车间位置

镟轮库位于洗车库的南侧，宽12m，长60m。

d 工艺流程

列车轮对异常磨耗或缺陷检查诊断—列车自行驶入镟轮线—公铁两用车连挂牵入—列车前进使缺陷轮对就位—镟轮—检验—公铁两用车牵出解钩—列车自行驶出镟轮线

e 主要设备

镟轮库的主要设备有不落轮镟床、10t的双梁桥式起重机。

7.3.5.5 试车线

a 任务及工作范围

按厂/架修、定修要求，车辆检修后除静调外，还需对列车的牵引和制动性能进行动态试验。

试车线及试车机具间承担列车检修后的动态调试工作，新车的调试及验收工作以及超过规定停用时间的列车重新投入运营前的运行试验工作。

b 设计原则

(1) 试车线宜为平坡直线，在用地范围内尽量做到最大长度。

(2) 试车线上设置双向信号设备及ATO试验设备。

(3) 试车线上设置大于半列车加5m的检查坑。

(4) 试车线设接触网。

c 试车线组成

试车线贴建于石黄高速的绿化带并设置于车辆基地的北侧，全长约1360m。设80m长检查坑1座，试车线为平坡。为了避让出入线U形槽及预留八字线，试车线在东端设置了一段长约400m、半径1000m的曲线。本试车线可满足车辆最高80km/h的试车速度要求。考虑资源共享，试车线设备间设置在综合办公楼信号楼内。

d 作业内容

(1) 列车启动、加速、运行、制动状态试验。

(2) 牵引、制动、运转各级电流整定值检查、测试。

(3) 各种仪表、显示器动作应正确。

(4) 传动齿轮箱、轴箱轴承运转无异声、异状。

(5) 列车试运转后，各部位螺栓等紧固件无松动现象。

7.3.5.6 救援策略和救援设备的配备

A 救援策略

(1) 列车的一般性故障，如车门故障、部分失去动力等，列车应在前方车站清客，退出运营，在车站存车线上待避，等候返回车辆基地，或立即返回车辆基地处理。

(2) 在列车完全失去动力的条件下，后面追踪运行的列车应在 ATP 作用下停车，在车站清客后慢速与故障列车联挂，推送故障列车至前方车站，待故障车清客后，继续推送故障列车到存车线或返回车辆基地。

以上两种情况，均不中断运营，不需要车辆基地出动救援车辆。

(3) 在发生列车脱轨、颠覆、火灾等重大事故时，正常运营中断，全线视故障情况可组织故障运营。

乘务员和所在站（或邻近车站）站务员立即组织乘客疏散，车辆基地出动救援。救援车辆和设备应在第一时间赶到所在站（或邻近车站），由救援人员携带设备器材进入事故现场，实施救援。

若列车脱轨或颠覆，首先起复列车，并由列车推送回车辆基地。

处理事故后，应尽快恢复正常运营。

(4) 考虑到事故救援的性质，车辆基地设置专门的救援机构，但不配备固定的人员，救援人员均为兼职人员，定期进行救援培训和演练。

B 救援设备的配备

(1) 为救援队配备必要的集中和培训房屋以及救援器材的存放房屋。

(2) 配备各种复轨设备等救援设备。

(3) 配备专用救援指挥车辆。

(4) 车辆基地的调机、工程车辆、平板车等在需要时，可用于事故救援。

(5) 工程车库尾部内设救援车库和救援工具间等。

7.3.5.7 综合维修中心

A 功能

1 号线综合维修中心设置于车辆基地内，是 1 号线工程全线范围内工务、建筑、结构、供电、通信、信号、自动售检票、环控、给排水、车站设备、设备监控、防灾报警等各种设施的维修基地和管理机构。它具有对该线沿线固定设备进行巡检、更换、维护修理及小规模技术改造的功能。

B 任务范围

(1) 工务、机电、通号、供电等系统的维修只考虑日常维护保养、换件小修及简单测试试验。

（2）全线工务、通号、供电、机电设备等系统的核心部件的中修和大修外委。

（3）新制配件的加工及失效零部件的加工修配，委托社会专业公司。

（4）各系统设备的检修替换下来需要拆检的插件或单元，委托系统设备制造商售后服务部门进行。

（5）各专业技术人员培训、实习到运营部门指定的培训基地。

C　主要设计原则

（1）维修业务以就地检修为主，车间检修为辅。

（2）除工务、房建专业外，其余专业检修以换件修为主。

（3）综合维修基地办公、生产及生活用房，以检修大专业划分楼层。

（4）综合维修基地用房考虑会议、培训期间员工的生活、休息需求。

（5）综合维修基地各专业大件设备的检修，合用一处厂房，起重运输设备合用。

（6）综合维修基地各专业所需的特种轨道车辆与车辆段内燃调机合建一处厂房。

D　主要检修设施

综合维修各系统所需生产、办公、生活用房合建于综合维修中心楼。综合维修中心楼共四层。根据各专业系统的性质按机电、通号、供电及工务、建筑划分车间。综合维修中心的轨道工程车、运输车辆与内燃机车停放在工程车库内。综合维修中心的工务料棚单设，设在工程车库的西北侧。

a　机电车间

（1）机电车间维修作业范围。

1）环控系统的各类风机、电动风阀、冷水机组、水泵及冷却塔。

2）给排水系统的水源、水池、水泵、水塔、管道、阀门、水龙头，消火栓及防淹门。

3）低压配电照明系统的车站动力设备、照明及其供配电和电控装置。

4）屏蔽门系统的门体、门机构、系统控制和电源。

5）自动售检票系统的车站计算机系统及车站 AFC 设备。

6）自动扶梯的驱动装置、传动机构、梯级链条、张紧导向装置、控制系统及安全装置。

7）无机房电梯及附属设备。

8）机电设备监控系统的工作站、服务器及控制系统。

9）消防系统。

（2）维修作业内容。

1）日常维护保养：检查、记录屏幕和仪表的显示数据，检查设备的外观及安装状态。

2）定期维护保养：清洁、检测主要机械、电气特性参数，更换不良部件，加注润滑油脂。

3）简单换件修理：全面检测、调整设备，添加空调制冷剂，打磨开关触点，更换不良部件，添加润滑油脂，清洁热交换器，更换隔热材料，修补管道、箱体裂纹，进行防锈处理，更换泵叶轮、轴承及滤芯，维修管道，检测、保养蓄电池，更换失效电子插接件等。

b 通号车间

（1）通号车间维修作业范围。

1）通信系统的传输系统、电话系统、无线调度系统、闭路电视、有线广播、时钟、不间断电源等子系统。

2）ATP（列车自动防护）系统、ATO（列车自动驾驶）系统、ATS（列车自动监控）系统、信号机、转辙机等设备系统。

3）其他乘客信息系统、安检设备等弱电系统设备。

（2）主要工作内容。

1）日常保养：检查、记录通信设备系统的安装状态、运行状态、外观密封及紧固状态；检查信号设备系统的运转、接线、机柜安装等状态。

2）定期维护：对于通信设备系统，开盖检查、测量工作电压、电流，测试功能，检查动作及运行状态，更换不良部件，涂防护油防锈，清洁，加注润滑油等。

3）对于信号设备系统，进行电气、机械特性测试，调整回复性能，更换不良品，机柜托架位置紧固、校正。

4）简单换件修理：按厂家规定的范围和操作要求，定期现场换件修理、调整、试验、补强，简单机械、电气部件更换修理。

c 供电车间

（1）供电车间维修作业范围。对电力监控系统及各变配电设备，如变压器、整流机组、交流高压开关柜、直流开关柜、直流牵引供电保护和自动合闸装置、电容补偿装置、控制保护装置、自用蓄电池等设备系统进行日常维护保养，简单设备的核心部件、部位的拆检委托专业公司。

（2）主要工作内容。

1）各供电部位的拆检委托专业单位日常保养：观察记录仪表指示、信号灯显示、各部外观状况以及机械接合部位的紧固程度、油位、运行声响等。

2）定期维护检修：清洁、润滑重要部位，检测主要电气性能指标，如电压、电流、绝缘电阻等，检测并记录发热部位温度，更换易损、易耗件及发现异常报修等。

3）按设备厂家推荐用户自行检修范围，进行定期简单换件检修。

4）对接触网定期检测。

5）发生意外事故时，组织应急修换。

6）变压器、整流器、各类开关柜、控制保护装置、UPS 的蓄电池等供电设备的维修，按现场维护、保养，现场换件修设计。

7）对供电设备的主要部分进行分解、检查，换件的中、大修委托专业公司进行。

8）对于检修概率较高的专用电器，例如整流机组、高压开关、隔离开关等，适当配备检测、试验场地和通用检测设备。

d 工务车间

（1）工务车间主要业务范围。

1）1 号线全线线路、隧道、轨道、道岔、路日常的巡视、检查、记录及异常报修。

2）定期检测建筑及构筑物、线路设施的位置，进行堵漏、校正、探伤、防腐、润滑保养、易损易耗品的更换等维护工作。

3）外委修缮计划编制和外委工程现场跟踪和质量检验等技术管理工作。

（2）工务车间工艺设计。

1）现场线路维修作业采用机械化、半机械化设备和工具。

2）工务用轨道车辆专设停放轨道，工务特种车与车辆段内燃调机合建库房。

3）工务材料存放于材料棚。

e 建筑工区

建筑工区主要作业范围如下：

（1）全线车站建筑和站内装饰、导向标志、出入口设施、风亭、站内上下水设施、人防设施及其他地铁建（构）筑物的巡检、维护、修理和部分安装工作。

（2）全线高架桥、车辆基地内桥涵、隧道的巡检、维修、养护。

（3）负责全线房屋建筑、车站建筑、区间隧道、桥梁及其附属设施的防水、堵漏工作。

7.3.5.8 物资总库

A 物资总库的功能

（1）物资总库负责1号线全线范围内所需的各种物资的采购、储存、发放及管理等工作。

（2）在本工程建设期间可作为建设物资及机电设备的临时仓储场地。

B 物资总库的任务

（1）承担1~3号线车辆运用检修所需各种材料、配件等的计划编制、采购、保管及发放工作。

（2）承担车辆基地生产工具、仪器、仪表、生产家具等的计划编制、采购、保管及发放工作。

（3）承担1号线各系统所需各种机电设备、备品备件、配件、电缆、钢材、钢轨、导岔、建筑材料、劳保用品等的计划编制、采购、保管及发放工作。

C 主要设计原则

（1）物资总库按集中管理分级存放的原则进行设计。

（2）引进设备一般按运营和检修2年的需要量进行存储；其他物资包括钢轨、车辆配件、辅助材料、五金机电设备、电缆等按运营和检修1年的需要量进行存储。

（3）物资总库不设油料库，内燃调车及工程车用油料按社会化考虑。

（4）大中型物品设置立体仓库，小件存放在轻型阁楼货架区，重型件存放在重型区。

D 房屋配备和布置

（1）物资总库。物资总库主库长180m、宽27m，西侧南部设4巷道的立体仓库，北侧设一排重型货架，东侧北部设轻型阁楼式货架区。主库南侧中间偏东位置设24m长的两层辅助间。轻型阁楼式货架区和立体仓库区被辅助间和隔墙分隔开。隔墙西侧设蓄电池充电区。立体仓储采用自动堆垛设备，5层，全高6.5m。地面及货架存储采用堆垛车堆放，段内物资的配送采用蓄电池叉车及蓄电池平车完成。

（2）工务料棚。工务料棚设在工程车库的西侧，长36m、宽15m，库内设5t电动单梁起重机。材料库用于存放材料、大型备件如道岔、轨枕等。

（3）危险品库。危险品库设置于段区中西部，长42m、宽5.3m。危险品按其性质设置隔间，分别存放，主要考虑易燃易爆物品、压缩气体、有毒物品、易挥发物品及腐蚀性物质的存放。

E 主要设备

物资总库配备立体仓储设备1套、重型及轻型货架以及各种运输、搬运车辆。

F 工作班制及定员

物资总库均按一班制设置，初、近、远期定员分别为38人、50人、59人。

7.3.5.9 培训中心

A 主要设计原则

某城市轨道交通网络中只在1号线车辆基地设置一个培训中心，和车辆段合建，充分利用车辆基地和轨道交通网络中各条线路的不同类型的先进设备和设施进行现场培训工作。

培训中心的生活设施与车辆基地合用。

培训中心的硬件设施和现场设备根据轨道交通网络发展的需要逐步完善。

培训中心设少量教务管理人员和专职教师，专业教育主要聘用现场专业技术人员、有关专家和大专院校相关专业的教授兼职。

基础文化教育和通用类技术工种，如钳工、金属切削加工、电焊工、电工等工种的培训，应依托社会培训力量，不作为地铁培训中心的培训方向。

B 功能任务及规模

a 功能

（1）负责1~3号线系统运营和管理人员的职前和职后的专业培训。

（2）承担系统内生产技术工人的岗位培训和劳动保障局认可的地铁专业的等级考试培训和考试。

（3）承担其他政工类、行政类、技术类的职前和职后的专业培训。

承担社会大专院校城轨专业教育的专业培训。

b 规模

培训中心拥有4层教育办公楼1幢，建筑面积3704m^2。底层设仿真器运行区、学院观摩区、车站值班员仿真培训区和部分教室，二层设OCC仿真培训室和部分教室，三层设办公、会议室和阅览室，四层设培训室。培训中心可满足200人的集中教学。

培训中心设置地铁列车驾驶专业、地铁列车检修专业、列车自动控制专业、通讯专业、信号专业、供电专业、行车调度专业、车站机电设备专业、自动售检票专业、轨道线路专业、车站站务专业的教学设施及资源。

C 主要设施的配备

为了给学员提供现场教学条件，培训中心配备地铁列车模拟驾驶器，车站值班员培训、OCC仿真培训，其中列车模拟驾驶器一期购买，车站值班员培训、OCC仿真培训预留土建公用接口，远期购买。

参考文献

[1] 刘岩. 车辆修造工艺与装备 [M]. 2版. 北京：中国铁道出版社，2007.
[2] 何宗华，汪松滋，何其光. 城市轨道交通车辆运行与维修 [M]. 北京：中国建筑工业出版社，2006.
[3] 殳企平. 城市轨道交通车辆维修工艺及设备 [M]. 北京：知识产权出版社，2013.
[4] 缪龙秀. 车辆零部件失效分析 [M]. 成都：西南交通大学出版社，1994.
[5] 李令德. 现代工艺管理 [M]. 上海：上海人民出版社，1995.
[6] 陈世和. 车辆修造工艺与装备 [M]. 北京：中国铁道出版社，1999.
[7] 董锡明. 机车车辆维修基本理论 [M]. 北京：中国铁道出版社，2005.
[8] 陈世和. 车辆修造工艺与装备 [M]. 北京：中国铁道出版社，1999.